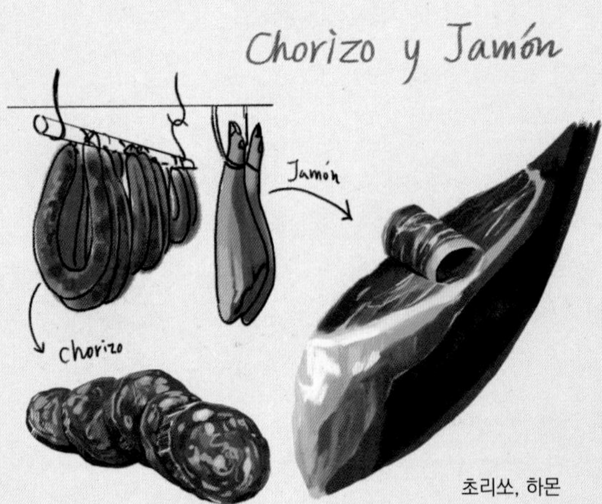

초리쏘, 하몬

Pollo

뽀요

Carne de Cerdo

까르네 데 쎄르도

Carne de Ternera

까르네 데 떼르네라

Anchoa 안초아

Calamar

깔라마르

Pulpo 뿔뽀

Almejas

알메하스

비노 블랑꼬, 비노 띤또

Tabaco y Cenicero
따바꼬, 쎄니쎄로

Agua con Gas
아구아 꼰 가스

Cerveza 쎄르베싸

완전 절친

여행스페인어

CONTENTS

알려두기

❖ 스페인어 대부분이 알파벳 그대로 읽으면 되지만, 여러분이 미리 알아두면 쉬운 몇 가지 발음이 있습니다.

- c는 두 가지 발음이 있습니다. 뒤에 a, o, u와 만나면 우리말의 /ㄲ/와 비슷하게, i, e와 만나면 /ㅆ/(중남미), [θ](스페인)로 발음됩니다.
  예 Corea [꼬레아; 한국], recibo [레씨보; 영수증]
- z도 스페인에서는 [θ], 중남미에서는 /ㅆ/에 가까운 발음입니다.
  예 cerveza [쎄르베싸; 맥주]
- g도 두 가지 발음이 있습니다. 뒤에 a, o, u와 만나면 우리말의 /ㄱ/와 비슷하게, i, e와 만나면 /ㅎ/와 비슷하게 발음됩니다.
  예 seguro [세구로; 보험], alergia [알레르히아; 알레르기]
- h는 발음하지 않고 묵음으로, 뒤에 오는 모음만을 발음합니다.
  예 hotel [오뗄; 호텔]
- l이 두 개 연달아 나오는 ll은 절대 /ㄹ/ 발음이 아닙니다. [야], [예], [이], [요], [유]로 발음합니다. 참고로, 지역에 따라 [야]가 [쟈], [자], [랴](이하 각 발음에 따라 변화)로 발음될 수 있습니다.
  예 toalla [또아야; 수건], billete [비예떼; 표], pollo [뽀요; 닭]
- n 위에 물결 표시(ñ)가 있으면, [냐], [녜], [니], [뇨], [뉴]로 발음합니다.
  예 baño [바뇨; 화장실]
- 철자 위에 강세 표시(á, é, í, ó, ú)가 있으면 그 발음은 강조해서 발음합니다.

❖ 발음한글표기는 가급적 원어민의 발음과 가깝게 표기하려 했으나, 스페인어는 한글로 표현하기 어려운 발음이 많습니다. 또 스페인어를 하는 원어민의 말은 매우 빠른 편입니다. 정확한 발음을 위해 원어민의 음성을 반복해서 듣고 따라하세요. ➡ 책 속 QR코드로 원어민 음성 반복 듣기

FEATURES

여행 중 누구나 겪을 수 있는 상황

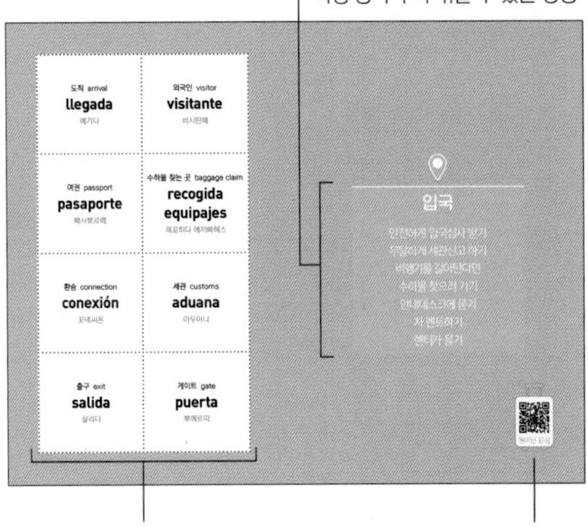

알아두면 여행이 편해지는 단어

휴대폰으로 원어민 음성 듣기
(개별 표현 반복 듣기가 가능)

원어민 음성 듣는 방법

책 속 상황별 QR코드를 찍어서 개별 표현을 반복하여 들을 수 있습니다.

전체 음성 다운로드 방법

global21.co.kr 학습자료실에서 다운로드하거나,
다음 QR코드를 찍어서 휴대폰에 저장할 수 있습니다.

FEATURES

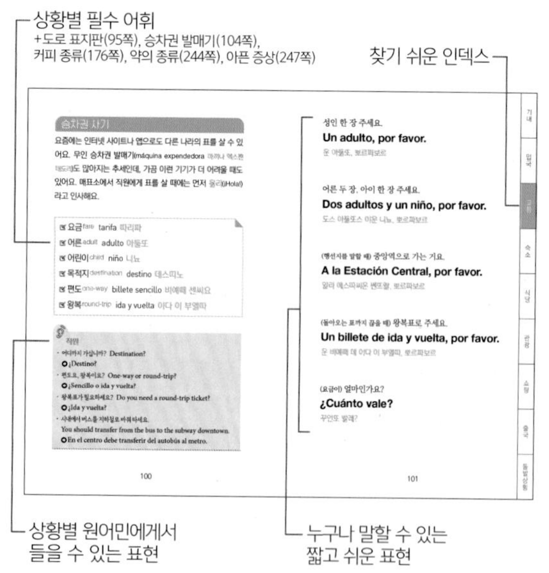

승차권 사기

요즘에는 인터넷 사이트나 앱으로도 다른 나라의 표를 살 수 있어요. 무인 승차권 발매기(máquina expendedora)도 많아지는 추세인데, 가끔 이런 기기가 더 어려울 때도 있어요. 매표소에서 직원에게 표를 살 때에는 먼저 올라(¡Hola!)라고 인사해요.

- 요금 fare tarifa 따리파
- 어른 adult adulto 아둘또
- 어린이 child niño 니뇨
- 목적지 destination destino 데스띠노
- 편도 one-way billete sencillo 비예떼 센씨요
- 왕복 round-trip ida y vuelta 이다 이 부엘따

직원

- 어디까지 가십니까? Destination?
  ¡Destino?
- 편도요, 왕복이요? One-way or round-trip?
  ¡Sencillo o ida y vuelta?
- 왕복표가 필요하세요? Do you need a round-trip ticket?
  ¡Ida y vuelta?
- 시내에서 버스를 지하철로 바꿔 타세요.
  You should transfer from the bus to the subway downtown.
  En el centro debe transferir del autobús al metro.

100

성인 한 장 주세요.
Un adulto, por favor.
운 아둘또, 뽀르파보르

어른 두 장, 아이 한 장 주세요.
Dos adultos y un niño, por favor.
도스 아둘또스 이운 니뇨, 뽀르파보르

(행선지를 말할 때) 중앙역으로 가는 거요.
A la Estación Central, por favor.
알라 에스따씨온 쎈뜨랄, 뽀르파보르

(돌아오는 표까지 끊을 때) 왕복표로 주세요.
Un billete de ida y vuelta, por favor.
운 비예떼 데 이다 이 부엘따, 뽀르파보르

(요금이) 얼마인가요?
¿Cuánto vale?
꾸안또 발레?

101

❖ 스페인어의 단어는 성별과 인칭에 따라서 모양이 변화합니다. 예를 들어, 남성형 단어는 주로 -o로 끝나고, 여성형 단어는 주로 -a로 끝납니다. 스페인어의 무수한 어형 변화에 대한 설명은 어학 학습서를 참고하세요. 이 책은 스페인어권 나라를 여행하는 중에 의사소통에 어려움이 없도록, 상황에 알맞고 쉬우며 효율적인 표현들을 싣고 있습니다.

스페인 여행 꿀팁

1 여권과 비자
2 항공권 구매하기
3 환전하기
4 로밍과 유심칩, 포켓 와이파이
5 여행자 보험
6 짐 싸기
7 출국 수속과 입국 수속
8 공항 용어
9 기내 서비스
10 액체류 기내 반입
11 면세점 이용하기
12, 13 인천국제공항의 서비스
14 공항 돌발상황
15 여행지 돌발상황
16 여행 앱 활용하기

여권과 비자를 준비하자

공항에 도착했는데 여권이나 비자가 없다면? 생각만 해도 아찔하다! 집 밖을 나서고부터 집으로 돌아올 때까지 분실하거나 도난 당하지 않도록, 여권과 비자의 존재를 수시로 확인해야 한다. 내 여권의 유효기간이 넉넉히 남았는지, 여행지에 입국하려면 비자가 필요한지 확인하는 것이 여행의 출발이다.

여권 발급 받기

신분증과 여권사진 2장을 준비해 서울시 구청, 지방 시청, 도청의 여권과에 신청하면 발급받을 수 있다. 신청서는 발급관청에 비치되어 있고, 비용은 여권 기간에 따라 다르다. 발급까지 일주일 정도 걸린다. 발급받은 여권은 복사해서 따로 보관해 두고, 여권을 분실했을 때를 대비해 여권 사진도 몇 장 여분으로 챙기자.

> **알짜팁** ▶가까운 발급 장소는 외교부 여권안내 홈페이지(passport.go.kr)에서 확인할 수 있다.
> ▶여권 유효기간이 향후 6개월 이내면 해외여행에 문제가 생길 수 있다.
> ▶25~37세 병역 미필 남성은 국외여행허가서를 준비해야 한다.

비자(사증) 발급 받기

스페인은 관광이 목적이라면 90일 무비자 체류가 가능하다. 스페인의 인접국인 포르투갈, 프랑스, 모로코도 90일 무비자가 가능하니 문제없다. 외교부 해외안전여행(0404.go.kr) 웹사이트에서 무비자로 입국이 가능한 국가와 불가능한 국가를 확인할 수 있다.

국제운전면허증

스페인에서 차를 렌트하여 여행할 생각이라면 국제운전면허증을 준비해 가야 한다. 경찰서 민원실이나 운전면허시험장, 인천공항 국제운전면허 발급센터에 운전면허증, 여권용 사진 1매, 여권을 가지고 방문하면 대개 5~10분 안에 국제운전면허증이 발급된다.

위치 인천공항 제1여객터미널 3층 일반지역 중앙 경찰치안센터 내 국제운전면허 발급센터

알짜팁 ▶ 해외에서 운전할 때에는 국제운전면허증과 함께 우리나라의 운전면허증, 여권 3가지를 지참해야 한다.
▶ 국제운전면허증은 발급일로부터 1년간 유효하다.
▶ 2019년 9월부터 한글+영문 면허증을 신청하면 별도의 절차 없이 30여개 국가에서 우리나라의 운전면허증 그대로 사용할 수 있다. 하지만 스페인은 아직 불가능하다.

항공권 싸게 구매하는 실속 팁

저렴하게 항공권을 구매하는 일에는 시간과 노력이 따른다. 항공권 예매 사이트에 수시로 들어가서 시시각각 변하는 항공권 가격을 보고 있으면 '지금 사? 조금 더 기다려?'하는 갈등을 하기 마련. 부담 없는 시간에 출발하는 저렴한 표를 운 좋게 낚아채는 쾌감을 누리려면 전략이 필요하다.

손품을 팔수록 가격이 떨어진다

스페인은 직항으로 갈 수 있지만 가격이 부담스럽다면 경유 항공권을 찾아야 한다. 다구간·장거리 여행이라면 반복해서 검색하면 더 싸고 좋은 항공권을 발견할 수 있다. 열심히 손품을 팔자. 항공권 비교 앱이나 웹사이트를 활용하는 것도 괜찮다. 할인특가를 바로바로 알려주는 '플레이윙즈', 다구간 비행을 추천하는 '카약', 저가 항공까지 전 세계 모든 항공권을 검색해주는 '스카이스캐너' 등 손품을 팔 곳은 많으니 부지런히 움직이자.

특가 오픈일을 노리자

휴가철이라면 보통 4~6개월 전에 가장 저렴한 항공권을 살 수 있다고들 하지만, 항공사들의 특가 항공권 오픈일에 맞추면 더 저렴하게 구매할 수도 있다. 그만큼 경쟁률도 높으니 만반의 준비를 하자. 왕복 항공권이라고 해서 더 싼 것은 아니니, 굳이 같은 항공사를 왕복으로 이용하지 않아도 된다.

성수기에 떠난다면 무조건 일찍 사자

성수기 항공권은 일찍 살수록 좋다. 출발이 6개월 이상 남았더라도 저렴하다 싶으면 사는 게 정답. 특히 외국 항공사는 6개월 이상 남은 성수기 항공권을 비수기 가격으로 판매하는 경우가 많다. 추석과 설 연휴, 5월 초 연휴 등도 여행 계획이 섰다면 미리 서두르는 게 좋다.

스톱오버와 레이오버를 활용하자

스톱오버는 환승 공항에서 24시간 이상 머무는 것을 말한다. 항공료도 싸지고 다른 나라를 여행할 수 있다는 매력이 있지만, 짐을 찾아서 다시 부쳐야 하는 번거로움도 있다. 레이오버는 24시간 이내에 환승하는 항공편을 말한다. 별도로 신청하지 않아도 공항 밖에 나갔다 올 수 있고, 짐을 찾았다 다시 부치지 않아도 된다는 점이 포인트다. 시내와 가까운 공항이라면 레이오버를 이용해 한나절 쇼핑을 하거나 당일치기 여행을 즐겨보자.

환전 똑똑하게 하는 비결

일찍부터 환율을 주시하고 있다가 적기에 환전하면 여행 경비를 줄일 수 있다. 1원이라도 낮은 가격에 환전하면 큰 이익은 아니더라도 왠지 기분이 좋다. 유료화는 환전 수수료 우대 또한 신경 써야 할 포인트. 각종 환전 앱과 주거래 은행 우대 등을 이용해 보자.

은행에서 환전하기

주거래 은행에서 환전하면 수수료를 우대해 준다. 서울역에 있는 환전센터를 이용하는 것도 좋다. 다른 지점들에 비해 수수료 우대가 좋아 많은 사람들이 찾는다. 공항의 지점에서 부랴부랴 환전하면 금전적으로도 손해고 마음도 급해지니 미리 환전해 놓자.

사이버 환전하기

각종 은행에서 제공하는 환전 앱으로 사이버 환전을 하면, 달러와 유로, 엔화는 꽤 쏠쏠한 수수료 우대를 받을 수 있다. 앱에서 필요 금액을 신청한 후, 지정 계좌로 한화를 입금한다. 돈을 찾는 지점을 출발일의 공항 지점으로 선택해 둘 수도 있다. 하지만 넓은 공항에서 은행을 찾아가느라 시간을 낭비할 수도 있으니, 평소에 이용하는 지점을 선택하자.

> **알짜팁** ▶ 유로화 동전은 1유로와 2유로, 그리고 더 작은 단위인 유로센트(5, 10, 20, 50)가 있다. 이 동전들은 다시 환전하기가 어려우니 여행지에서 전부 쓰고 오는 게 좋다.
> ▶ 마이뱅크(mibank): 전국의 모든 은행과 환전소의 환율을 비교해 가장 싼 곳을 알려주는 앱

신용카드

비자카드, 마스터카드, 아멕스카드 중 하나는 챙기는 게 좋다. 해외에서 자동차를 렌트하거나 호텔을 이용할 때 보증금(deposit)의 수단으로 종종 신용카드를 요구하기 때문이다. 카드결제는 1% 내외의 해외 결제 수수료를 내야 한다. 환율은 사용한 날 기준이 아닌 결제일 기준으로 적용된다. 해외 결제 시 수수료를 할인해 주는 신용카드를 찾아보자.

체크카드

거금을 들고 다니면 아무래도 신경이 쓰일 수밖에 없다. ATM 수수료는 부과되지만, 체크카드로 현지에서 현금을 뽑아 쓰면 편리하다. 수수료를 면제해 주거나 환율 우대를 해주는 체크카드가 있으니 필요하다면 만들어놓자.

> **알짜팁** ▶ 카드로 결제할 때 여행국의 통화로 결제해야 불필요한 수수료를 피할 수 있다.
> ▶ 해외에서도 카드 복제의 위험은 항상 있다. 작은 가게나 신뢰할 수 없는 곳에서는 카드 사용에 신중을 기하자.

로밍 vs 유심칩 vs 포켓 와이파이, 어느 것이 좋을까?

해외여행 필수 아이템은 바로 데이터. 한국에서 항상 함께하던 휴대폰을 해외에서 자유롭게 사용할 수 없다면, 캐리어 분실에 맞먹는 외로움과 공포가 찾아올 수 있다. 숙소를 떠나 지도를 보거나, 맛집이나 쇼핑몰을 찾아갈 때는 물론, 카톡할 때 꼭 필요한 데이터. 어떤 상품을 사용해야 유리할까?

데이터 로밍

내 휴대폰 번호 그대로 음성통화, 데이터, 문자메시지를 쓸 수 있어 편리하다. 현지에 도착해 전원을 껐다가 켜면 자동으로 로밍되니 이보다 쉬울 수 없다. 그럼에도 망설이게 되는 이유는 가격 부담이 크고, 로밍된 폰만 사용할 수 있어 다른 사람과 공유가 불가능하다는 점. 핫스폿을 사용하더라도 데이터 사용량이 한정되어 있다. 출국 전 고객센터에 전화해 신청하거나, 출국 당일 공항 통신사 부스를 방문해 신청하면 된다.

유심칩(심카드)

유심칩을 구입해 내 휴대폰에 끼우면 끝. 유심칩 한 개 가격만 놓고 보면 로밍보다 저렴하다. 또 현지 통신사의 유심을 쓰면 통화 품질도 좋다. 그러나 내

번호가 현지 번호로 바뀌기 때문에 한국에서 오는 전화나 문자는 받을 수 없다. 온라인 예약사이트에서 구매하고 출국 날짜에 공항 수령 장소에서 받거나, 택배로 미리 받을 수도 있다. 택배 수령을 고려한다면 적어도 4일 전에는 신청해서 초조한 상황은 피하자. 공항의 부스에서 현장 구매도 가능하지만 재고가 부족할 수 있다. 스페인 현지의 공항과 마트, 통신사에서 구매하면 더 저렴할 수 있으니 알뜰하게 찾아보자.

포켓 와이파이

'와이파이 도시락'이라고 불리는 와이파이 기기를 렌트할 수 있다. 여러 사람이 동시에 접속할 수 있으며 휴대폰뿐만 아니라 노트북도 연결할 수 있기 때문에, 일행이 3~4명이라면 포켓 와이파이가 가성비 최고의 선택이다. 하루에 2,000원대의 요금으로 데이터를 여유롭게 이용할 수 있다. 하지만 보조 배터리처럼 매일 충전해야 하고, 기기를 늘 지니고 다녀야 한다는 점은 번거롭다. 또 기기를 가진 사람과 떨어지면 와이파이를 이용할 수 없다. 출발 날짜와 도착 날짜를 계산해서 인터넷으로 기간을 신청하고, 출발 전에 공항의 부스에서 기기를 받는다. 기기는 귀국해서 반납해야 한다.

여행자 보험, 이것이 궁금해요

여행자 보험은 여행 중 생길 수 있는 상해·질병의 위험과 휴대품 도난·파손 등의 비용 손해를 보장해 주는 보험이다. 해외여행 중 다치거나 아파서 병원 진료를 받으면, 가입 한도 내에서 실비를 지급받을 수 있다. 빈번하게 발생하는 소지품 도난과 파손에 대해 얼마나 보상해 주는지 꼼꼼히 확인해서 든든한 예방책을 마련해 두자.

어느 정도 보상이 되나요?

우리나라 주요 손해보험사들의 온라인 여행자 보험은 상해사망 시 1억 원, 해외에서 발생한 상해의료비와 질병의료비를 각각 1천만 원 보장한다. 휴대품 손해는 물품당 20만 원, 배상책임은 500만 원까지 보장한다. 여행 중 아무 일이 없으면 다행이지만 빈번하게 일어나는 휴대폰 분실과 파손에 대비해 적은 금액으로 마음의 보험까지 들어두는 것을 추천한다.

어떻게 가입하나요?

온라인으로 가격과 보장 내용을 비교해 가입하면 간단하고 저렴하다. 보장은 가입한 날 자정부터 시작되기 때문에 여행 출발 전날로 가입하는 게 좋다. 약관상 기간을 입력하는 기준은 거주지를 출발하는 시점부터 다시 거주지에 도착하는 시점까지로 하자. 패키지 여행사와 신용카드사, 환전 은행에서 무료로 제공하는 여행자 보험도 있다. 하지만 사망에 관련된 내용만 있고 질병 및 상해에 대한 내용이 빠진 경우가 많다.

보험금, 어떻게 청구하나요?

보험금을 청구할 때에는 물품수리영수증 또는 병원진단서와 진료비 영수증, 도난·분실 신고서, 사고목격자의 진술서 등 발생한 사고와 손해를 증명하는 각종 증빙 서류를 최대한 챙겨야 한다. 귀국 후 보험사에 여권 사본과 함께 이 서류들을 제출하면 된다. 항공기 지연 및 결항으로 추가 지출이 생겼다면 영수증을 꼼꼼히 챙겨두자. 식당과 숙소에서 받은 영수증에 날짜와 시간이 제대로 나와 있는지도 확인하자.

현금을 도난 당했을 때에도 보상되나요?

현금, 유가증권, 항공권, 콘택트렌즈 등의 손해는 보상되지 않는다. 본인의 과실에 의한 분실 방치 등도 그 손해를 보상하지 않으니 유의하자. 자동차 사고 관련한 배상 책임도 여행자 보험으로는 보상되지 않는 경우가 대부분이다.

빠짐없이 짐 싸는 기술

짐을 싸는 스타일도 가지각색이다. 없으면 큰일 나겠다 싶은 것만 30분 만에 뚝딱 챙기고 '필요하면 거기서 사지 뭐.'하는 태평한 스타일. 리스트를 작성해 며칠 동안 꼼꼼히 짐을 싸는 완벽주의 스타일. 스타일은 달라도 이것만은 꼭 확인하자.

귀찮지만 챙겨두면 든든한 종이들

여권은 물론이고 여권을 잃어버렸을 때를 대비해 여권 사본을 따로 가지고 가는 것이 좋다. 현지 화폐 외에도 해외에서 사용할 수 있는 체크카드나 신용카드도 요긴할 때가 있다. 항공권 예약확인증(e-티켓), 여행자 보험서류, 숙소예약증도 만약의 경우를 대비해 종이로 출력해서 언제 어디서든 꺼내어 볼 수 있게 준비하자.

충전할 수 없다면 무용지물

국가마다 전압이 다양하니 여러 국가를 여행한다면 멀티어댑터가 필요하다. 스페인에서는 우리나라와 같은 콘센트를 쓰기 때문에 괜찮지만, 다른 유럽 국가들도 간다면 멀티어댑터를 챙기면 좋다. 매일 충전해야 하는 기기가 3종 이상이면 멀티탭을 가져가라. 생각보다 유용하다. 휴대폰만 가져가고 충전기를 빼먹을 때도 있으니 캐리어를 닫을 때까지도 스스로를 너무 자만하지 말자. 카메라를 가져간다면 충전기부터 메모리카드, 삼각대까지 필요와 무게를 신중하게 생각해서 넣을지 뺄지 결정하자. 나홀로 여행이라면 이어폰도 빼놓을 수 없다.

날씨에 맞는 옷가지

여행지의 날씨를 미리 검색하고 거기에 맞는 옷을 챙기자. 스페인의 따가운 햇볕을 막기 위한 선글라스와 모자, 선크림은 필수다. 가벼운 스카프는 어중간한 날씨에 걸쳤다 벗었다가 자유롭고, 스타일링하는 데에도 딱이다. 우산이 없을 때 모자 달린 옷은 가볍게 날리는 비 정도는 막아줄 수 있다.

알짜팁 ▶ 항공권 예약확인증, 숙소예약증 등 '든든한 종이들'은 필기구와 함께 항상 소지하고 다니자. 입국신고서를 작성할 때와 입국심사를 받을 때 유용하다.

▶ 감기약, 소화제, 해열제, 진통제, 연고, 밴드, 모기퇴치제 등 상비약은 최대한 부피를 줄여서 준비하자.

▶ 지퍼백이나 비닐봉지는 세탁물이나 기념품을 한곳에 정리할 때 유용하게 쓸 수 있다.

▶ 예약해 둔 숙소에서 제공하는 세면도구의 수준과 범위를 파악해서 챙겨갈 것을 미리 확인하자.

▶ 가벼운 슬리퍼는 장거리 비행과 숙소에서 요긴하다.

출국 수속과 입국 수속 한눈에 보기

공항에 발을 내디딜 때부터 바다를 건너 여행지에 도착할 때까지, 몇 가지 행정적인 절차를 밟게 된다. 알고 나면 간단한 출국과 입국 과정을 알아보자.

탑승 수속

인천국제공항 3층에 항공사별 카운터가 즐비해 있다. 예약한 항공사를 찾아서 여권과 항공권 예약확인증(e-티켓)을 내고 탑승 수속을 한다. 위탁수하물도 카운터에서 보내는데, 중간 경유를 할 때에는 위탁수하물이 최종 목적지로 가는지 꼭 확인하자. 수하물 영수증은 짐을 찾을 때 필요할 수 있으니 잘 보관한다.

출국 수속

탑승권과 여권을 가지고 보안검색대에서 소지품 검사를 받고, 이상이 없으면 통과한다. 만 19세 이상의 내국인은 자동출입국 심사대에서 빠르고 간단하게 통과할 수 있다. 무인시스템으로 기계가 여권을 스캔한 후 지문과 얼굴을 인식하는데, 대기열 앞에서 직원이 안내해 주니 그에 따르면 된다.

알짜팁 보안검색대에서 액체류를 담은 비닐팩 또는 노트북이 있다면 가방에서 꺼내 별도의 바구니에 담자. 겉옷도 벗어서 별도로 담아야 한다.

면세점 쇼핑과 면세품 수령

면세점 쇼핑을 하거나 공항 안의 카페나 식당을 이용하는 대기 시간도 여행의 또 다른 재미다. 인터넷 면세점에서 구입한 물건이 있다면 면세점 인도장에서 수령할 때 교환권 번호와 여권이 필요하다.

비행기 탑승

탑승권에 적힌 탑승 게이트에 30분 전에는 도착하자. 기내에 들고 간 짐은 좌석 위 짐칸에 수납한다.

목적지 도착과 입국 심사

비행기에서 내리면 자연스럽게 입국심사대로 이어진다. 외국인과 내국인의 심사대가 다르니 확인하자. 스페인에 입국할 때에는 입국신고서가 필요 없고, EU 국가 내에서 이동할 때에도 필요 없다.

짐 찾기

짐 찾는 곳(Baggage Claim, Recogida Equipajes)에서 위탁수하물을 찾아 공항을 나서면 두근두근 여행 시작!

출국과 입국이 쉬워지는 공항 용어

기본으로 알아야 할 용어

- **탑승 수속**(Check-in): 예약확인증(e-티켓)을 탑승권(Boarding Pass)으로 바꾸는 절차
- **위탁수하물**(Checked Luggage): 비행기 짐칸에 실어 보내는 짐
- **기내 반입 수하물**(Carry-on Baggage): 승객이 직접 들고 타는 짐
- **수하물 표**(Baggage Tag): 위탁수하물에 부착하는 꼬리표로, 기내 반입 수하물에도 붙이는 게 좋다.
- **탑승 게이트**(Gate): 비행기 탑승구로, 위치에 따라 셔틀버스를 타고 이동해야 할 수도 있다.
- **탑승 시간**(Boarding Time): 비행기에 탑승하는 시간
- **이륙**(Take off): 비행기가 뜨기 시작하는 순간
- **착륙**(Landing): 비행기가 목적지에 도착해서 땅에 닿는 순간
- **수하물 찾는 곳**(Baggage Claim): 목적지에 도착해서 수하물을 찾는 곳
- **세관**(Customs), **출입국관리**(Immigration), **검역**(Quarantine): 출국 또는 입국 시 공항에서 거치는 수속 절차

알면 플러스되는 용어

- **웹체크인**(Web Check-in): 온라인이나 모바일을 통한 체크인으로, 좌석을 직접 지정할 수 있다.
- **오픈 티켓**(Open Ticket): 돌아오는 날짜를 정하지 않고 예약한 항공권으로, 6개월이나 1년의 기한을 두고 돌아오는 날짜를 나중에 정할 수 있다.
- **현지 시간**(Local Time): 여행지의 시간을 말하며, 탑승권의 도착 시간은 현지 시간으로 표기된다.
- **환승**(Transfer): 목적지 도착 이전에 중간 기착지에서 다른 비행기로 갈아타는 것. 기착지에 머무는 시간에 따라서 스톱오버와 레이오버로 나뉜다.
- **스톱오버**(Stopover): 기착지에 24시간 이상 체류할 수 있으며, 위탁수하물을 찾아야 한다.
- **레이오버**(Layover): 기착지에 24시간 이내 체류할 수 있으며, 위탁수하물을 찾을 필요가 없다.
- **스루 보딩**(Through Boarding): 여러 곳을 경유할 때 최종 목적지에 수하물을 부치고, 최종 목적지의 탑승권도 한꺼번에 받는 것
- **오버부킹**(Overbooking): 항공기에 탑승하려는 사람이 좌석의 정원을 넘어선 초과 예약. 오버부킹이 발생하면 항공사가 승객의 탑승을 거절할 수 있으니 일찍 체크인하는 것이 유리하다.

비행기, 편하게, 즐겁게, 맛있게 이용하기

인천공항에서 스페인의 바로셀로나공항까지 직항을 탈 경우 12시간 이상 비행기 안에 있어야 한다. 이코노미 좌석이라면 갇힌 공간에서 힘겨운 싸움이 될 수 있다. 편안하고 즐거운 여행을 위해 약간의 전략이 필요하다.

어느 자리에 앉을 것인가

짧은 비행이라면 모를까 장거리 비행이라면 통로 좌석이 여러모로 편하다. 명당으로 불리는 자리는 보통 좌석의 한 블록이 시작되는 앞자리나 비상문 앞좌석이다. 비상문 앞좌석은 위급 시 기내승무원의 역할을 해야 한다.

Q **알짜팁** ▶시트구루(seatguru.com)에 접속해 항공사 이름과 비행 날짜, 편명, 출발지와 도착지를 넣으면 비행기 좌석 투시도를 볼 수 있다. 초록색은 명당, 붉은색은 안 좋은 자리라는 표시다. 좌석을 파악하고 해당 항공사 웹사이트에서 좋은 자리를 선점하거나, 적어도 최악의 자리는 피해 보자.

▶출발 24시간 전에 오픈되는 웹체크인을 하면 카운터를 통하지 않고 바로 체크인이 되며, 남아 있는 좌석에 한해서 추가 비용 없이 스스로 좌석 지정을 할 수 있다. 해당 항공사의 홈페이지나 앱에서 항공권 정보를 입력하면 된다.

기내 특별식을 신청해 보자

기내에선 높은 고도 때문에 소화가 잘 안 된다. 기내식이 부담스럽다면, 기내 특별식을 신청해 보자. 저염식, 저열량식, 채식주의자 메뉴부터 과일 도시락, 종교식까지 항공사별로 다양한 특별 메뉴가 준비되어 있다. 출발 24시간 전까지 요청할 수 있고, 항공사의 사정에 따라 모든 종류의 특별식이 가능하지 않을 수 있다. 술을 즐긴다면 항공사마다 제공하는 술을 맛보는 재미도 놓치지 말자. 단, 높은 고도에서는 지상보다 빨리 취하니 적당히 즐기자.

아이와 함께라면

만 24개월 미만의 아이와 함께 탑승한다면 출발 24시간 전까지 예약센터에 신청하여 유아용 기내식을 받을 수 있다. 국제선에서는 유아용 요람도 제공되니 미리 예약해 이용해 보자.

서프라이즈 기념 파티도

생일이나 결혼기념일, 프러포즈와 같은 특별한 날을 하늘에서 맞는다면? 출발 24시간 전까지 항공사에 연락해 케이크를 주문해 보자. 많은 항공사에서 기념일 케이크를 제공한다. 와인이나 칵테일도 제공될 수 있다.

액체류, 비행기에 갖고 탈 수 있나?

보안검색대를 지날 때에는 왠지 모르게 조마조마한 마음이 든다. 특히 신경 쓰이는 것은 액체류! 마시던 생수통은 일찌감치 비웠는데, 문제는 가방 속 화장품. 장거리 비행을 할 때에는 기초 화장품이라도 챙겨야 피부가 갈라질 것 같은 건조함을 견딜 수 있다. 비행기에 가지고 탈 수 있는 물건들을 알아보자.

물과 음식물

물이 든 병이나 용량이 많은 액체 용품을 들고 보안검색대를 통과할 수 없다(액체류 100ml 이상 기내 반입 금지). 물은 보안대 통과 후 안에 있는 상점에서 구입하거나 기내에서 승무원에게 요청하면 된다. 마른 반찬은 기내 반입이 가능하다. 하지만 액체가 포함된 김치와 고추장 등의 음식물은 기내 반입이 안 된다. 물론 위탁수하물로는 부칠 수 있다.

화장품

기내에서 사용할 소량의 개인용 화장품(액체, 젤, 크림 등)은 1인당 100ml 이하의 개별 용기에 담아, 총 1L 용량 이내로 투명한 비닐 지퍼백(20cm×20cm)에 넣으면 기내 반입이 가능하다. 100ml 이하의 개별 용기는 공항의 약국에서도 살 수 있다.

라이터와 전자담배, 보조배터리

국가마다 다르지만 보통 휴대용 가스라이터는 1인당 각 1개씩 기내 반입이 가능하다. 전자담배도 액상을 100ml 이하로 휴대하면 반입이 가능하다. 보조배터리는 배터리 용량이 100Wh 이하일 때 반입할 수 있지만, 160Wh를 초과하면 반입 금지다. 이 셋은 위탁수하물에는 넣을 수 없다는 점, 짐 쌀 때 꼭 기억하자.

알짜팁 보안검색대에서 수하물 거절을 당하면 공항의 금지물품 보관·택배 서비스를 이용할 수 있다. 출국장 안에 전용 접수대가 있으니 직원에게 문의해 찾아가자. 보관 서비스는 하루 3,000원에 귀국일까지 보관이 가능하다. 또 택배로 원하는 주소지에 물건을 보낼 수도 있다.

면세점 100% 활용팁

해외여행의 특권, 면세 쇼핑! 최대 3,000달러까지 살 수 있지만 국내외 면세점과 해외 구매품목을 모두 합해 600달러까지만 면세를 받을 수 있다. 하지만 술 1병(1리터, 400달러 미만), 담배 200개비, 향수(60㎖ 이하)는 별도로 추가 면세를 받을 수 있으니 참고하자. 시내 면세점과 인터넷 면세점, 공항 면세점에 대해 알아보자.

시내 면세점

면세점은 곧 공항이라는 편견을 버리자. 공항에서 부랴부랴 면세점 쇼핑을 할 필요가 없다. 주로 서울과 부산, 대구 등 대도시의 대형 호텔이나 백화점에 있는 시내 면세점에 들러 미리 사 놓으면, 공항 면세점보다 여유로워서 좋고, 직접 만져 보거나 착용해 보고 살 수 있다. 시내 면세점은 여권과 항공권 예약확인증(e-티켓)을 지참하고 방문해야 하다. 결제했다고 그 자리에서 물건을 받을 수는 없고, 인터넷 면세점처럼 출국일에 공항의 인도장에서 받을 수 있다.

인터넷 면세점

한번 할인의 맛을 보면 빠져나올 수 없는 인터넷 면세점. 출국 두 달 전부터 구매할 수 있으니 적립금을 부지런히 모아두면 브랜드 상품을 반값에 살 수도 있다. 인터넷 결제 후 출국일에 공항의 인도장에서 수령하면 된다.

> **알짜팁** ▶ 적립금: 인터넷 면세점의 꽃은 적립금이다. 결제 금액의 최대 30%까지 쓸 수 있으니, 부지런히 적립하면 비싼 브랜드를 착한 가격에 구매할 수 있다. 심야적립금, 주말적립금 등 여러 형태로 등장하니 부지런히 클릭해 차곡차곡 쌓아두자.
>
> ▶ 중복적립금: 인터넷 면세점마다 이벤트에 참여하면 100% 사용 가능한 중복적립금을 제공한다.
>
> ▶ 쿠폰: 쿠폰은 적립금과 별개로 적용되고, 일정 금액 이상 결제할 때 사용할 수 있다. 패션 잡화 중에는 쿠폰을 사용할 수 있는 브랜드가 많다.
>
> ▶ 통신사 할인: 면세점마다 제휴 통신사 할인을 받을 수 있다.

공항 면세점

공항 면세점을 이용하려면 공항에 여유롭게 도착하는 것이 좋다. 인천국제공항은 입국 면세점을 새로 오픈해서 입국할 때에도 면세 쇼핑을 할 수 있다. 물품이 한정되어 있지만 면세 한도는 그대로다.

인천국제공항, 이런 서비스 편리해요

인천국제공항은 생각보다 제법 많은 서비스를 제공한다. 여행이 쉬워지는 공항 서비스를 알아보자.

셀프체크인과 셀프백드랍

셀프체크인은 카운터에 줄을 서서 기다릴 필요 없이 자동화기기를 통하여 스스로 항공권을 발권하는 방법이다. 셀프체크인은 부칠 짐이 없을 때 요긴하다. 바로 출국장으로 가면 끝이니까! 부칠 짐이 있다고 해서 문제가 될 것은 없다. 짐을 스스로 부치는 셀프백드랍을 이용하면 된다. 셀프체크인은 비자가 필요한 국가로 가거나, 공동 운항이거나, 유아 동반일 경우에는 이용할 수 없다.

알짜팁 ▶ 각 항공사의 웹사이트나 앱에서 스스로 체크인하는 웹체크인도 있다.
▶ 셀프체크인과 웹체크인 모두 출발 1시간 전까지 가능하다.

의료센터

인하대학교 공항의료센터에서 가정의학과, 치과, 외과, 응급진료 등의 과목으로 운영 중이다.

위치 제1여객터미널 지하 1층 동편(24시간 연중무휴), 제2여객터미널 지하1층 서편

긴급 여권 발급

여권을 빠뜨린 채 공항에 도착했거나 여권에 문제가 있다면? 이럴 때는 외교부 영사민원서비스를 이용해 긴급 여권을 발급받을 수 있다. 여권발급신청서, 긴급여권신청사유서를 작성하고, 신분증과 항공권, 여권용 사진 2장을 제출해야 한다. 발행까지 약 1시간 30분이 걸리고 수수료는 15,000원이다. 단순 여행이라면 긴급 여권 발급이 거절될 수 있다.

위치 제1여객터미널 외교부 영사민원서비스(3층 출국장 F 카운터)

두꺼운 외투 보관

대한항공 승객은 탑승 수속 후 3층 동쪽에 위치한 한진택배 접수처에서 탑승권을 보여주면 옷을 맡길 수 있다. 아시아나 항공도 제1터미널 지하 1층에 위치한 '크린업에어(Clean up air)' 세탁소에서 옷을 보관해 준다. 티웨이 항공, 이스타 항공 등 저가 항공사도 가능하다. 서비스하지 않는 항공사라면 크린업에어에 5일 기준 1만 원을 내고 맡길 수 있다.

위치 T2세탁소(제2여객터미널 교통센터 지하1층 동편 버스 매표구 근처), T1세탁소(제1여객터미널 지하 1층 서편)

인천국제공항 백배 즐기기

공항이라는 장소에 가면 계속 뭔가를 기다리게 된다. 다양한 편의 시설을 이용하면 지루한 대기 시간이 휴식이나 놀이가 될 수 있다. 은근히 볼거리, 놀거리가 많은 인천국제공항, 제대로 즐겨보자.

샤워실

24시간 운영되는 샤워실로 환승객은 무료이고, 일반 여객은 3,000원으로 이용할 수 있다.

위치 탑승동 4층 중앙, 제1여객터미널 4층 면세지역 25번·29번 게이트 부근, 제2여객터미널 4층 면세지역 231번·268번 게이트 부근

사우나

새벽이나 밤늦게 애매한 시간에 도착했을 때 이만한 대안이 있을까? 딱딱한 의자에 앉아 다음 행선지를 기다리는 것보다 따뜻한 물속에 몸을 담가보자. 샤워만 하면 7,000원, 샤워와 찜질은 4시간에 10,000원, 12시간에 22,000원이다.

위치 제1여객터미널 지하 1층 동편 스파온에어

냅존

공항에서 노숙을 해야 할 일이 생길 수도 있다. 이럴 때는 공항의 캡슐 호텔을 이용할 수 있지만, 짧게 나마 휴식을 위해 냅존을 이용할 수도 있다. 180도로 펼쳐진 의자에 누워 달콤한 잠을 청하자.

위치 탑승동 4층 중앙, 제1여객터미널 4층 면세지역 25번·29번 게이트 부근, 제2여객터미널 4층 면세지역 231번·268번번 게이트 부근

키즈존

비행기 탑승 전 대기 시간에 아이들이 얌전히 앉아 있을 리가 만무하다. 이럴 때 키즈존을 이용하면 아이는 넘치는 에너지를 쏟으며 놀 수 있어 좋고, 어른은 한결 수월하게 시간을 보낼 수 있어 좋다. 제1·2여객터미널 면세지역과 게이트 근처, 탑승동에 여러 키즈존이 있는데, 뽀로로나 타요 등 캐릭터를 테마로 한 곳들이 인기가 좋다. 제법 큰 키즈존에는 수유 시설과 카페도 있다.

위치 탑승동 3층 110번 게이트 부근, 제1여객터미널 4층 면세지역 동편, 제1여객터미널 3층 면세지역 9번·14번·41번·45번 게이트 부근, 제2여객터미널 3층 면세지역 231번·242번·246번·254번·257번·268번 게이트 부근

공항 돌발상황 현명하게 대처하기

공항에서는 종종 돌발상황이 발생한다. 낯선 나라의 공항이라면 멘탈이 흔들리지 않을 수 없다. 몇 가지 대처법을 알아두자.

캐리어가 사라졌어요

공항에서 내 캐리어가 나오지 않는다면 곧바로 수하물 서비스 데스크로 가자. 경유를 했다면 마지막 탑승 항공사로 가야 한다. 수하물 서비스 데스크는 대부분 도착장 내 수하물 찾는 곳 근처에 있고, 그곳에서 사고신고서를 작성한다. 캐리어의 색상과 제조 회사 등의 정보를 상세히 적자. 연고가 없는 도시라면 항공사에 수하물 지연보상금을 요구할 수도 있다. 가방 속의 물건을 증명해야 보상받을 수 있으니 사전에 휴대폰으로 캐리어의 내·외부 사진을 찍어놓자. 대부분의 항공사는 수하물 분실 신고 기한을 7일 이내로 규정하고 있다.

비행기가 지연됐어요.

안전운항을 위한 정비나 자연재해 등 항공사의 과실이 아닌 경우에는 지연 배상을 받기 어렵다. 항공사의 잘못으로 지연됐다면 지연 시간대별로 보상해주며, 숙소를 제공하기도 한다. 항공사의 실수로 예약이 취소됐거나 오버부킹으로 좌석을 배정받지 못했을 경우도 마찬가지. 항공사 과실이 아닌데도 지연 시간이 길어지면 식사권이나 공항 호텔을 제공하는 경우도 있으니 필요하면 물어보자.

입국을 거부당했어요

정상적인 여권과 비자를 가지고 있어도 입국을 거부당할 수 있다. 주로 방문 목적이나 체류 일정이 불분명한 경우이다. 일단 한국어가 가능한 직원을 불러달라고 요청하자. 통역 직원이 없으면 탑승했던 항공사 직원에게 도움을 요청하거나 한국대사관에 연락하자. 그리고 검사관의 요청에 따라 방문 목적을 확인할 수 있는 참가서, 출장증명서, 체류 일정을 확인할 수 있는 예약확인증 등을 제시하자.

인도장에서 면세품을 못 찾았어요

성수기에는 출국 시간이 촉박한 바람에 물건을 미처 찾지 못하는 경우가 종종 발생한다. 면세품은 무조건 출국할 때에만 찾을 수 있다. 그렇다고 금전적인 손해는 없다. 인도되지 못한 물건은 전면 취소되기 때문이다. 혹시 30일 안에 또 해외에 나갈 일정이 있다면, 놓쳤던 면세품을 받을 기회는 있다. 면세점의 고객센터로 전화해 비행기 편명만 바꾸면 된다.

여행지에서 이럴 때, 어떻게 하나요?

해외를 여행할 때 일어날 수 있는 갖가지 돌발사건! 대처방법을 미리 알아두고 침착히 대응하자.

여권을 잃어버렸어요

여권을 잃어버렸다면 분실 즉시 현지 경찰서에 방문해 분실신고서를 작성해야 한다. 이후 신고서를 들고 스페인 주재 한국 영사관이나 대사관을 찾아 재발급을 신청한다. 하지만 재발급이 대부분 3주 이상 소요되는 데다가 여권용 사진 등 추가 서류가 필요하므로 여권 재발급을 현지에서 신청하기보다는 여행증명서를 받아 귀국하는 것이 편할 수 있다. 언제 이런 일이 발생할지 모르니 해외여행을 떠날 때는 여권 사본이나 여권 외에 다른 신분증을 꼭 챙기자.

아파서 현지 병원에 갔어요

여행자 보험을 들었다면 귀국 후에 보상받을 수 있다. 이때 빠른 처리를 위해서 병원비 결제는 카드로 하는 것이 좋다. 반드시 현지 의사의 소견서와 치료비 명세서, 영수증을 받아 놓아야 한다.

지진이 났어요!

땅이 흔들리는 걸 감지했다면 일단 가방이나 옷을 이용해 머리를 보호하고 가까운 공터로 피하자. 건물 내부에 있다면 테이블 밑으로 들어가자. 해변이라면 지진 후 쓰나미가 발생할 확률이 높으므로 해변을 벗어나 지대가 높은 곳으로 재빨리 이동해야 한다. 지구촌 스마트 여행(smartoutbound.or.kr)과 외교부 해외안전여행(0404.go.kr) 홈페이지를 확인하면 지금 전 세계에 어떤 사건사고가 일어나고 있는지 알 수 있다.

마음은 급한데 말이 나오지 않아요

긴급한 상황에 처했을 때 말이 통하지 않는다면? 영사콜센터가 한국관광공사와 함께 제공하는 24시간 이용 가능한 통역서비스를 이용하자. 휴대폰 자동로밍일 경우 현지 입국 시 자동으로 수신되는 영사콜센터 안내문자에서 통화 버튼으로 연결이 가능하다. (현지국제전화코드 +82-2-3210-0404, 유료)

2번 외국어 통역서비스 선택 후,

1번 영어 2번 중국어 3번 일본어
4번 베트남어 5번 프랑스어 6번 러시아어
7번 스페인어

여행 앱으로 더욱 편리한 여행

몇 가지 앱만 잘 활용해도 여행의 고수가 될 수 있다. 내가 있는 곳 근처의 맛집이나 명소를 찾고 싶을 때는 여행 앱을 활용하자. 구글 번역이나 파파고 같은 번역 앱도 잘 활용하면 쏠쏠하게 도움이 된다. 많이 쓰이는 여행 앱 몇 개는 휴대폰에 담아 가자.

무빗 Moovit

세계 1위 지역 대중교통 앱이다. 여행자의 필수 앱인 구글 지도보다 자세한 정보까지 알려주는데, 특히 유럽 지역을 여행할 때 유용하다. 목적지까지 실시간으로 알람을 울리는 점도 구글 지도와 차별화된다.

우버 Uber

우버는 휴대폰을 기반으로 한 승차 공유 서비스이다. 우리나라의 카카오 택시와 다르게, 택시가 아닌 일반 차량 소유주도 우버 운전자로 등록할 수 있다는 사실에 유의하자. 스페인은 '마이택시'도 많이 이용한다. 출발 전에 앱을 설치해서 가입하고 신용카드를 등록해 놓으면 이용할 때마다 앱으로 결제할 수 있다.

맵스미Maps.me

오프라인 지도 앱인 맵스미는 인터넷에 연결되지 않아도 지도를 볼 수 있다. 전 세계 여행지의 지도를 미리 다운로드해 놓으면, 어디서든 GPS로 이용할 수 있고, 음식점과 호텔, 병원 등 주변 편의시설도 검색할 수 있다.

트리플Triple

이용자 위치를 기반으로 맛집과 관광지를 실시간으로 추천한다. 이용자의 편의에 맞춰 지속적으로 업데이트하기에 더욱 믿음직스럽다. 환율, 날씨 예보, 빠른 길 찾기 서비스 등 다양한 정보를 얻을 수 있다.

트립어드바이저TripAdvisor

여행 리뷰를 볼 수 있는 세계 최대 규모의 여행 앱이다. 항공사부터 음식점, 숙박시설까지 다양한 여행 리뷰와 여행 정보를 확인할 수 있다.

해외안전여행MOFA

외교부에서 만든 앱으로, 위기상황 대처매뉴얼부터 영사콜센터, 공관 위치 찾기, 현지 긴급구조 연락처 등의 다양한 안전 관련 서비스를 제공한다.

기억해두자

기본 스페인어

매너를 지키는 간단한 표현

(사람을 만나면 첫인사) 안녕하세요!

¡Hola! 올라!

(헤어질 때) 안녕히 계세요.

¡Adiós! 아디오스!

(헤어질 때) 행운을 빌어요.

Buena suerte. 부에나 수에르떼

(도움을 받으면) 감사합니다.

Gracias. 그라씨아스

(고맙다는 말에) 천만에요.

De nada. 데나다

(거절할 때) 괜찮아요.

No, gracias. 노, 그라씨아스

(사소한 일에도) 미안해요.

Perdón. 뻬르돈

(사과하는 말에) 괜찮아요.

Está bien. 에스따 비엔

(말을 걸 때, 사람을 지나갈 때) 실례합니다.

Disculpe. 디스꿀뻬

(물건을 줄 때) 여기요.

Aquí tiene. 아끼 띠에네

(제안에 긍정할 때) 네, 그렇게 해 주세요.

Sí, por favor. 씨, 뽀르파보르

(상황을 긍정할 때) 좋아요.

Perfecto. 뻬르펙또

(괜찮다는 의미로) 신경 쓰지 마세요.

No se preocupe. 노 쎄 쁘레오꾸뻬

(상대의 말에 동의할 때) 맞아요.

Tiene razón. 띠에네 라쏜

(급해서 양해를 구할 때) 저 급해요.

Tengo prisa. 뗑고 쁘리사

(양보해 줄 때) 먼저 하세요.

Después de usted. 데스뿌에스 데우스뗏

잠시 기다려 주세요.

Espere, por favor.

에스뻬레, 뽀르파보르

Un momento, por favor.

운 모멘또, 뽀르파보르

(엘리베이터 안에서 밖의 사람에게) 타시나요?

(올라갈 때) **¿Sube?** 수베?

(내려갈 때) **¿Baja?** 바하?

(말을 걸 때) 저기요. 실례합니다.

Disculpe. 디스꿀뻬

좀 도와주시겠어요?

¿Podría ayudarme?

뽀드리아 아유다르메?

(현재 위치가 궁금할 때) 여기가 어디인가요?

¿Dónde estamos?

돈데 에스따모스?

(장소를 보여주며) 이곳이 어디에 있나요?

¿Dónde es aquí?

돈데 에스 아끼?

이곳에 어떻게 가나요?

¿Cómo puedo llegar aquí?

꼬모 뿌에도 예가르 아끼?

(말을 못 알아들었을 때) 뭐라고요?

¿Perdón? 뻬르돈?

다시 한 번 말해 주시겠어요?

Perdón, ¿podría repetirlo?

뻬르돈, 뽀드리아 레뻬띠를로?

조금만 천천히 말씀해 주세요.

Un poco más lento, por favor.

운 뽀꼬 마스 렌또, 뽀르파보르

글로 써 주시겠어요?

¿Me lo puede escribir?

멜로 뿌에데 에스끄리비르?

(이해했을 때) 알겠어요.

Entiendo. 엔띠엔도

무슨 뜻인지 모르겠어요.

No entiendo. 노 엔띠엔도

(물건을 가리키며) 얼마인가요?

¿Cuánto cuesta? 꾸안또 꾸에스따?

입어(신어) 봐도 되나요?

¿Me lo puedo probar?

멜로 뿌에도 쁘로바르?

(사려는 물건을 가리키며) 이걸로 가져갈게요.

Me lo llevo. 멜로 예보

(식당에서) 두 명이요.

Somos dos. 소모스 도스

(식당에서) 메뉴판 주세요.

El menú, por favor. 엘 메누, 뽀르파보르

(식당 직원에게 손짓하며) 주문할게요.

¿Puedo pedir? 뿌에도 뻬디르?

(메뉴를 가리키며) 이거 하나 주세요.

Esto, por favor. 에스또, 뽀르파보르

(개수를 말할 때) 하나 주세요.

Uno, por favor. 우노, 뽀르파보르

(음식을 테이크아웃할 때) 가져갈게요.

Para llevar, por favor.

빠라 예바르, 뽀르파보르

(여러 사람이 갔을 때 내 음식이 나오면) 여기 저 주세요.

Aquí. 아끼

(물을 안 주면) 물 좀 주시겠어요?

¿Podría darme agua, por favor?

뽀드리아 다르메 아구아, 뽀르파보르?

(주문하지 않은 음식이 나오면) 이거 무료인가요?

¿Es gratis? 에스 그라띠스?

(가게의) 화장실이 어디에 있나요?

¿Dónde está el lavabo?

돈데 에스따 엘 라바보?

(식당에서 계산할 때) 계산서 주세요.

La cuenta, por favor.

라 꾸엔따, 뽀르파보르

이 쿠폰을 쓸 수 있나요?

¿Puedo usar este cupón?

뿌에도 우사르 에스떼 꾸뽄?

신용카드로 결제되나요?

¿Se aceptan tarjetas de crédito?

쎄 아셉딴 따르헤따스 데 끄레디또?

(계산 후) 영수증 주세요.

El recibo, por favor.

엘 레씨보, 뽀르파보르

(거스름돈을 팁으로 주고 싶을 때) 잔돈은 가지세요.

Quédese con el cambio.

께데세 꼰 엘 깜비오

(계산대에서 물건을 뺄 때) 이건 뺄게요.

Disculpe, esto no.

디스꿀뻬, 에스또 노

(숙소나 식당에서) 예약했어요.

He hecho una reserva.

에 에초 우나 레세르바

(예약자 이름을 말할 때) 제 이름은 한나예요.

Mi nombre es Hannah.

미 놈브레 에스 하나(아나)

와이파이가 되나요?

¿Tenéis Wi-Fi?

떼네이스 위피?

(와이파이) 비밀번호가 뭔가요?

¿Cuál es la contraseña?

꾸알 에스 라 꼰뜨라쎄냐?

(상황이 이상하게 돌아가면) 무슨 문제가 있나요?

¿Algún problema?

알군 쁘로블레마?

(호객 행위에 거절의 표시로) 괜찮아요.

No, gracias. 노, 그라씨아스

숫자 말하기

0	쎄로	cero
1	우노	uno
2	도스	dos
3	뜨레스	tres
4	꾸아뜨로	cuatro
5	씬꼬	cinco
6	쎄이스	seis
7	씨에떼	siete
8	오초	ocho
9	누에베	nueve
10	디에스	diez

• 11부터 20까지

온쎄(11), 도쎄(12), 뜨레쎄(13), 까또르쎄(14), 낀쎄(15), 디에씨 쎄이스(16), 디에씨 씨에떼(17), 디에씨 오초(18), 디에씨 누에베(19), 베인떼(20)

• 21부터 31까지

베인띠 우노(21), 베인띠 도스(22), 베인띠 뜨레스(23), 베인띠 꾸아뜨로(24), 베인띠 씬꼬(25), 베인띠 쎄이스(26), 베인띠 씨에떼(27), 베인띠 오초(28), 베인띠 누에베(29), 뜨레인따(30), 뜨레인따 이 우노(31)

• 큰 단위의 숫자

씨엔(100), 밀(1,000)

객실 번호 말하기

'방'을 뜻하는 아비따씨온(habitación)과 함께 숫자를 하나씩 말합니다.

아비따씨온 도스 우노 씬꼬(215호실)

아비따씨온 도스 쎄로 우노 쎄로(2010호실)

항공편의 이름도 '항공편'을 뜻하는 부엘로(vuelo)와 함께 하나씩 말합니다.

부엘로 까 에 누에베 쎄로 우노(KE901 항공편)

전화번호도 숫자 하나씩, 하이픈(-) 표시가 있는 부분에서 잠깐 쉬고 말합니다.

오초 도스, 우노 쎄로, 우노 도스 뜨레스 꾸아뜨로, 씬꼬 쎄이스 씨에떼 오초(82-10-1234-5678)

시간 말하기

시간과 분을 따로 말합니다. 필요하다면 델라 마냐나(오전)와 델라 따르데(오후)를 정확히 말해야 착오가 없습니다. 시와 분 사이에는 이(y)를 넣어 연결합니다.

디에스 델라 마냐나(10 AM)

도쎄 이 메디아 델라 따르데(12:30 PM)

금액 말하기

에우로(euro)는 유럽의 국가 중에서 공식적으로 19개국에서 사용되는 화폐입니다. 영어로는 유로라고 말하지만 스페인어에서는 에우로로 발음해야 합니다.

운 에우로(1 euro)

1을 제외한 나머지 숫자들은 복수를 나타내는 -s를 반드시 발음해서 에우로스(euros)라고 해야 합니다.

도스 에우로스(2 euros)

센트 단위인 쎈띠모(céntimo)를 쓸 때에는 반드시 에우로 또는 에우로스 단위 뒤에 꼰(con)이라는 말을 붙여야 합니다.

운 에우로 꼰 베인띠 씬꼬 쎈띠모스(€1.25)

디에스 에우로스 꼰 베인띠 씬꼬 쎈띠모스(€10.25)

지폐	500유로	끼니엔또스 에우로스
	200유로	도스씨엔또스 에우로스
	100유로	씨엔 에우로스
	50유로	씬꾸엔따 에우로스
	20유로	베인떼 에우로스
	10유로	디에스 에우로스
	5유로	씬꼬 에우로스
동전	2유로	도스 에우로스
	1유로	운 에우로
	50유로센트	씬꾸엔따 센띠모스
	20유로센트	베인떼 센띠모스
	10유로센트	디에스 센띠모스
	5유로센트	씬꼬 센띠모스
	2유로센트	도스 센띠모스
	1유로센트	운 센띠모

날짜 말하기

날짜를 이야기할 때에는 월보다 일을 먼저 말합니다.

베인떼 데 훌리오(7월 20일)

월

1월	에네로	enero
2월	페브레로	febrero
3월	마르쏘	marzo
4월	아브릴	abril
5월	마요	mayo

6월	후니오	junio
7월	훌리오	julio
8월	아고스또	agosto
9월	셉띠엠브레	septiembre
10월	옥뚜브레	octubre
11월	노비엠브레	noviembre
12월	디씨엠브레	diciembre

요일

월요일	루네스	lunes
화요일	마르떼스	martes
수요일	미에르꼴레스	miércoles
목요일	후에베스	jueves
금요일	비에르네스	viernes
토요일	사바도	sábado
일요일	도민고	domingo
평일	세마나	semana
주말	핀 데 세마나	fin de semana

횟수 말하기

한 번	우나 베스	una vez
두 번	도스 베쎄스	dos veces
세 번	뜨레스 베쎄스	tres veces
여러 번	바리아스 베쎄스	varias veces

기억해두자

만능 패턴

Agua, por favor. 아구아, 뽀르파보르

물 주세요.

원하는 것, por favor. '뽀르파보르'는 영어의 please에 해당하는 말이에요. 식당에서 메뉴판에 있는 음식을 가리키면서 이렇게 간단한 말로 주문해요. 호텔이나 비행기 안에서도 필요한 것을 가리키는 단어를 말하고, 뒤에 '뽀르파보르'를 붙이면 끝!

Necesito una tirita. 네쎄시또 우나 띠리따

반창고가 필요해요.

Necesito 필요한 것. '네쎄시또'는 영어의 I need ~를 뜻한다고 보면 돼요. 어떤 물건이 필요할 때, 뭔가 있어야 하는데 부족할 때 이렇게 단도직입적인 말로 요청할 수 있어요.

¿Podría ayudarme? 뽀드리아 아유다르메?

좀 도와주시겠어요?

¿Podría 요청하는 행동? '뽀드리아'는 영어의 could라고 생각하세요. 상대에게 어떤 행동을 정중히 요청할 때 쓰는 표현이에요. 뒤에 '뽀르파보르'를 붙이면 더 공손한 표현이 돼요.

¿Me podría dar un mapa?

메 뽀드리아 다르 운 마빠?

지도 좀 주시겠어요?

¿Me podría dar 원하는 것? '메 뽀드리아 다르'는 영어로 하면 Could you give me ~?를 의미해요. 마찬가지로 뭔가를 얻고 싶을 때 물어보는 표현인데, 좀 더 정중한 느낌을 줘요. 식당에서 짐을 담아둘 바구니가 필요하다면, '메 뽀드리아 다르 우나 까나스따, 뽀르파보르?(¿Me podría dar una canasta, por favor?)'라고 물어보세요.

¿Tiene cerveza? 띠에네 쎄르베싸?

맥주 있나요?

¿Tiene 원하는 것? '띠에네'는 영어의 have를 뜻한다고 생각하세요. 식당이나 가게에 들어가기 전에 먼저 특정 음식이나 물건을 파는지 물어볼 때가 있어요. '~ 취급하나요?'라고 생각하면 돼요. 원하는 것을 가리키는 단어를 정확히 말하는 게 중요해요.

¿Dónde está el baño? 돈데 에스따 엘 바뇨?

화장실이 어디인가요?

¿Dónde está 장소/물건? '돈데 에스따'는 영어의 Where is ~?를 뜻해요. 화장실이 급할 때 유용한 표현이에요. 낯선 사람에게 말을 걸 때에는 '디스꿀뻬(Disculpe.)'로 시작하는 것도 잊지 마세요. '돈데 에스따'는 장소뿐만 아니라 물건이 어디에 있는지 물어볼 때에도 쓸 수 있어요. 호텔이나 비행기 안에서 리모콘이 안 보인다면 '디스꿀뻬, 돈데 에스따 엘 꼰뜨롤 레모또?'(Disculpe, ¿dónde está el control remoto?)라고 물어보세요.

¿A qué hora cerráis? 아께 오라 쎄라이스?

언제 문을 닫나요?

¿A qué hora 동사? '아께 오라'는 영어의 What time ~?을 뜻해요. 가게가 문을 닫는 시간이나 여는 시간을 물어볼 때 유용한 표현이에요. 역에서 열차가 언제 떠나는지 궁금할 때에는 이렇게 물어보세요. '아께 오라 살레?(¿A qué hora sale?)'

¿Podría ayudarme con esta máquina?

뽀드리아 아유다르메 꼰 에스따 마끼나?

이 기기 사용하는 것 좀 도와주시겠어요?

¿Podría ayudarme con 기기? '아유다르메 꼰'은 영어의 help me with ~와 같은 표현이에요. 교통수단을 이용할 때 역이나 터미널에 비치된 무인발권기(quiosco 끼오스꼬)를 이용해서 표를 발권하는 경우가 종종 있어요. 생전 처음 보는 기기니까 작동법에 서투른 건 당연해요. 뒤에 기다리는 사람이 있다면 당황하지 말고, 너무 미안해 하지도 말고, 그 사람에게 도움을 요청해 보세요.

Tengo fiebre. 뗑고 피에브레

제가 열이 있어요.

Tengo 증상. '뗑고'는 영어의 I have ~와 같은 말이에요. 병원이나 약국에서 아픈 증상을 말할 때 이렇게 말해요. 열이 없을 때에는 '노 뗑고 피에브레(No tengo fiebre.)'라고 말해요.

No hay papel higiénico.

노 아이 빠뻴 이히에니꼬

화장실에 휴지가 없어요.

No hay 물건. '노 아이'는 영어의 There is not ~을 의미하는 표현이에요. '~가 없다'라는 뜻이에요. 부정을 의미하는 no가 문장의 처음에 붙어요.

¿Cuánto cuesta? 꾸안또 꾸에스따?

얼마인가요?

¿Cuánto cuesta? '꾸안또'는 영어의 How much 또는 How many를 의미해요. 수와 양을 물어보는 표현으로 볼 수 있지요. 가격을 물어볼 때에는 Cuánto cuesta?라고만 말해도 괜찮아요. 비슷한 표현으로 '꾸안또 발레?(¿Cuánto vale?)'라고도 말할 수 있어요.

¿Cómo llego a este lugar?

꼬모 예고아 에스떼 루가르?

여기에 어떻게 가야 하나요?

¿Cómo llego a 장소? '꼬모'는 영어의 How를 뜻해요. ¿Cómo llego a ~?라고 하면 영어의 How do I get to ~?와 같이 어떤 장소에 가는 방법을 물어보는 표현이 되지요. 비슷한 표현으로 '꼬모 뿌에도 예가르 아끼?(¿Cómo puedo llegar aquí? 여기에 어떻게 가나요?)'라고 말할 수도 있어요.

비행편 flight
vuelo
부엘로

목적지 destination
destino
데스띠노

출발 departure
salida
살리다

도착 arrival
llegada
예가다

현지 시간 local time
hora local
오라 로깔

비상구 emergency exit
salida de emergencia
살리다 데 에메르헨씨아

자리 seat
asiento
아씨엔또

여행가방 suitcase
maleta
말레따

기내

내 자리 찾기
이륙 전 매너
먹고 싶은 기내식 먹기
기내 서비스 100% 이용하기
화장실에 가고 싶을 때
양해 구하기

내 자리 찾기

외국 항공사를 이용한다면, 또 외국에서 비행기를 타고 올 때에는 외국인 승무원과 소통해야 할 수도 있어요. 생각보다 간단한 표현으로 어렵지 않게 의사를 충분히 전달할 수 있어요. 비행기 안에서 자리 찾기가 어려울 때에는 승무원에게 항공권을 보여주면서 미 아씨엔또?(¿Mi asiento? 제 자리가 어디인가요?)라고만 말해도 통해요.

☑ 자리 seat asiento 아씨엔또
☑ 바꾸다 change cambiar 깜비아르

(항공권을 보여주며) 이 자리가 어디에 있나요?

¿Dónde está mi asiento?

돈데 에스따 미 아씨엔또?

(내 자리에 앉은 승객에게) 여기가 당신 자리인가요?

¿Es éste su asiento?

에스 에스떼 수 아씨엔또?

(승무원에게) 제 자리에 누가 앉아 있어요.

Hay alguien en mi asiento.

아이 알기엔 엔 미 아씨엔또

(승무원에게) 제 자리를 바꿀 수 있나요?

¿Podría cambiarme de asiento?

뽀드리아 깜비아르메 데 아씨엔또?

(승객에게) 우리 자리를 바꿀까요?

¿Cambiamos de asiento?

깜비아모스 데 아씨엔또?

이륙 전 매너

이륙 전에는 승객으로서 기본 매너를 지켜주는 센스! 큰 가방은 떨어지지 않게 머리 위 짐칸에 잘 넣고, 작은 가방은 돌아다니지 않게 의자 아래에 둬요. 안전벨트를 착용하고, 의자는 바로 세우면 이륙 준비 끝! 창가 쪽 자리라면 이륙할 때에는 창 가리개를 올려 주세요.

- ☑ 머리 위 짐칸 overhead compartment compartimiento superior 꼼빠르띠미엔또 수뻬리오르
- ☑ 창 가리개 window shade cortina 꼬르띠나
- ☑ 여행가방 suitcase maleta 말레따
- ☑ 벨트 belt cinturón 씬뚜론

· 짐은 의자 아래에 두세요. Put your bags under the seat, please.
 ¡ Ponga su equipaje debajo del asiento.

· 안전벨트를 착용하세요. Fasten your seatbelt, please.
 ¡ Abróchese el cinturón de seguridad.

· 전자기기는 꺼 주세요. Please turn off electronic devices.
 ¡ Apague los aparatos electrónicos.

· 창 가리개는 올려 주세요. Please pull up the window shade.
 ¡ ¿Podría subir la cortina, por favor?

· 의자를 앞으로 해 주시겠어요? Could you put your seat forward?
 ¡ ¿Podría mover su asiento hacia adelante, por favor?

(머리 위 짐칸을 가리키며) 가방을 올려 주시겠어요?

¿Podría poner allí mi maleta, por favor?

뽀드리아 뽀네르 알이 미 말레따, 뽀르파보르?

(안쪽 자리로 들어갈 때) 지나가도 될까요?

Disculpe, ¿podría pasar?

디스꿀뻬, 뽀드리아 빠사르?

(머리 위 짐칸에서 가방을 꺼낼 때) 가방을 꺼내도 될까요?

¿Puedo sacar mi maleta?

뿌에도 사까르 미 말레따?

좌석 벨트가 안 빠져요.

El cinturón está atascado.

엘 씬뚜론 에스따 아따스까도

먹고 싶은 기내식 먹기

짧은 비행에는 기내식이 제공되지 않을 때도 있지만, 장거리 비행이라면 기내식이 있고, 먹고 싶은 것을 선택할 수도 있어요. 함께 마실 음료도 몇 가지가 있어 고를 수 있고, 땅콩 같은 간식도 요청할 수 있어요. 부족하다면 더 달라고 요청해 보세요.

- ☑ 닭고기 chicken pollo 뽀요
- ☑ 고기 meat carne 까르네
- ☑ 생선 fish pescado 뻬스까도
- ☑ 물 water agua 아구아
- ☑ 콜라 Coke Coca-cola 꼬까꼴라
- ☑ 사이다 Sprite Sprite 에스쁘라잇
- ☑ 맥주 beer cerveza 쎄르베싸
- ☑ 화이트 와인 white wine vino blanco 비노 블랑꼬
- ☑ 레드 와인 red wine vino tinto 비노 띤또
- ☑ 견과류 nuts frutos secos 푸르또스 세꼬스

(메인 메뉴 고르기) 닭고기로 주세요.

Pollo, por favor

뽀요, 뽀르파보르

(음료 고르기) 사이다 한 잔 주세요.

Un Sprite, por favor.

운 에스쁘라잇, 뽀르파보르

맥주 한 잔 주세요.

Una cerveza, por favor.

우나 쎄르베싸, 뽀르파보르

같은 걸로 할게요.

Lo mismo, por favor.

로 미스모, 뽀르파보르

(특별식을 예약했다면) 저는 특별식을 주문했어요.

He pedido un menú especial.

에 뻬디도 운 메누 에스뻬시알

다른 음식도 있나요?

¿Tiene algo más?

띠에네 알고 마스?

(마실 것이 필요할 때) 마실 것 좀 주시겠어요?

¿Tiene algo para beber?

띠에네 알고 빠라 베베르?

물을 더 주시겠어요?

¿Me podría dar más agua, por favor?

메 뽀드리아 다르 마스 아구아, 뽀르파보르?

견과류 있나요?

¿Tiene frutos secos?

띠에네 프루또스 세꼬스?

간식으로 뭐가 있나요?

¿Tiene algo para picar?

띠에네 알고 빠라 삐까르?

(간식이) 무료인가요?

¿Es gratis?

에스 그라띠스?

(음식을 모두 먹은 후) 치워 주세요.

Se lo puede llevar.

쎌로 뿌에데 예바르

기내 서비스 100% 이용하기

비행기 안에는 생각보다 부대시설이 잘 갖춰져 있어요. 장거리를 가는 비행기라면 특히 그렇죠. 기본으로 제공되는 것 외에 필요하다면 더 달라고 할 수 있어요. 영화를 볼 수도 있고, 기내 면세품을 살 수도 있답니다.

- ☑ 냅킨 napkin servilleta 쎄르비예따
- ☑ 물티슈 wet wipes toallitas húmedas 또아이따스 우메다스
- ☑ 슬리퍼 slippers chanclas 찬끌라스
- ☑ 담요 blanket manta 만따
- ☑ 베개 pillow almohada 알모아다
- ☑ 양말 socks calcetines 깔쎄띠네스
- ☑ 수면 안대 sleeping mask antifaz 안띠파스

☑ 진통제 aspirin aspirina 아스삐리나
☑ 생리대 sanitary pads compresa sanitaria 꼼쁘레사 사니따리아

냅킨 좀 주세요.

Servilletas, por favor.

쎄르비예따스, 뽀르파보르

물티슈 좀 주시겠어요?

¿Me podría dar toallitas húmedas, por favor?

메 뽀드리아 다르 또아이따스 우메다스, 뽀르파보르?

담요 한 장 주시겠어요?

¿Me podría dar una manta, por favor?

메 뽀드리아 다르 우나 만따, 뽀르파보르?

(머리가 아플 때) 진통제 있나요?

¿Tiene aspirina?

띠에네 아스삐리나?

- ☑ 조명(등)light luz 루스
- ☑ 음량volume volumen 볼루멘
- ☑ 리모콘remote control control remoto 꼰뜨롤 레모또
- ☑ 헤드폰headset auriculares 아우리꿀라레스

등을 어떻게 켜나요?

¿Cómo enciendo la luz?

꼬모 엔씨엔도 라 루스?

소리를 어떻게 낮추나요?

¿Cómo bajo el volumen?

꼬모 바호 엘 볼루멘?

(작동되지 않을 때) 이게 작동하지 않는 것 같아요.

Parece que no funciona.

빠레쎄 께노 푼씨오나

(면세품 카탈로그에서) 이 물건 주세요.

Quiero esto.

끼에로 에스또

화장실에 가고 싶을 때

- ☑ 화장실 toilet/restroom lavabo/baño 라바보/바뇨
- ☑ (문을) 당기다 pull tire 띠레
- ☑ (문을) 밀다 push empuje 엠뿌헤
- ☑ 사용 중(사람 있음) occupied ocupado 오꾸빠도
- ☑ 공실(사람 없음) vacant vacante 바깐떼
- ☑ 화장지 toilet paper papel higiénico 빠뻴 이히에니꼬

화장실이 어디에 있나요?

¿Dónde está el lavabo?

돈데 에스따 엘 라바보?

(승무원에게) 휴지가 없어요.

No hay papel higiénico.

노 아이 빠뻴 이히에니꼬

(화장실을 가리키며) 누가 안에서 안 나오고 있어요.

Hace rato que no sale.

아쎄 라또 께노 살레

양해 구하기

여러 사람이 갇힌 공간에 오랜 시간 함께 있다 보면 불편한 상황이 생기기 마련이에요. 좌석이 좁다면 더더욱 불편하다고 느낄 수 있는데, 그럴 때에는 당당하게, 얼굴 붉히지 말고 정중히 디스꿀뻬(Disculpe.)라고 말을 걸면서 양해를 구하세요.

- ☑ 움직이다 move mover 모베르
- ☑ 내리다 go down bajar 바하르
- ☑ 끄다 turn off apagar 아빠가르
- ☑ 지나가다 pass pasar 빠사르

(남의 가방이 걸리적거릴 때) 가방 좀 치워 주시겠어요?

¿Podría mover su maleta, por favor?

뽀드리아 모베르 수 말레따, 뽀르파보르?

(앞자리 승객에게) 의자 좀 세워주실래요?

¿Podría mover su asiento, por favor?

뽀드리아 모베르 수 아씨엔또, 뽀르파보르?

(시끄러울 때) 조용히 해 주시겠어요?

¿Podría bajar la voz, por favor?

뽀드리아 바하르 라 보스, 뽀르파보르?

(눈이 부실 때) 창 가리개 좀 내려 주시겠어요?

¿Podría bajar la cortina, por favor?

뽀드리아 바하르 라 꼬르띠나, 뽀르파보르?

등 좀 꺼 주시겠어요?

¿Podría apagar la luz, por favor?

뽀드리아 아빠가르 라 루스, 뽀르파보르?

등을 켜도 될까요?

¿Puedo encender la luz?

뿌에도 엔쎈데르 라 루스?

(안쪽 자리에서 통로로 나갈 때) 지나가도 될까요?

¿Puedo pasar?

뿌에도 빠사르?

(승무원에게) 비행기 도착 시간이 언제인가요?

¿A qué hora aterrizamos?

아께 오라 아떼리싸모스?

도착 arrival **llegada** 예가다	외국인 visitor **visitante** 비시딴떼
여권 passport **pasaporte** 빠사뽀르떼	수하물 찾는 곳 baggage claim **recogida equipajes** 레꼬히다 에끼빠헤스
환승 connection **conexión** 꼬넥씨온	세관 customs **aduana** 아두아나
출구 exit **salida** 살리다	게이트 gate **puerta** 뿌에르따

입국

안전하게 입국심사 받기
무탈하게 세관신고 하기
비행기를 갈아탄다면
수하물 찾으러 가기
안내데스크에 묻기
차 렌트하기
렌터카 몰기

안전하게 입국심사 받기

드디어 도착! 비행기에서 작성한 입국신고서와 여권은 언제든 꺼내 보일 수 있게 챙겨 두세요. 만약의 경우에 대비해 묵을 숙소의 예약확인증과 돌아갈 비행기 표를 함께 챙기면 좋아요. 입국심사대에서 공항 직원은 여행의 목적과 체류 기간, 묵을 숙소 등에 대해 물어봐요.

직원

- 여권을 보여주겠어요? May I see your passport?
  ¿Podría mostrarme su pasaporte?
- 방문 목적은 무엇인가요? What is the purpose of your visit?
  ¿Cuál es el propósito de su viaje?
- 직업이 뭐죠? What do you do?
  ¿A qué se dedica?
- 어디에서 묵나요? Where are you staying?
  ¿Dónde se alojará?
- 얼마나 머물 예정인가요? How long are you staying here?
  ¿Cuánto tiempo planea quedarse?
- 전에 방문한 적이 있나요? Have you ever been here before?
  ¿Ha visitado el país anteriormente?
- 동행이 있나요? Is there anybody with you?
  ¿Alguien le acompaña?
- 돌아가는 항공권은 있나요? Do you have a return ticket?
  ¿Tiene billete de regreso?

☑ 휴가vacation vacación 바까씨온
☑ 관광tour turismo 뚜리스모
☑ 묵다stay alojar 알로하르
☑ 떠나다leave marcharse 마르차르세

(여권을 보여줄 때) 여기요.

Aquí tiene.

아끼 띠에네

(방문 목적을 묻는 말에) 휴가로 왔어요.

Vine de vacaciones.

비네 데 바까씨오네스

관광하러 왔어요.

Vine a hacer turismo.

비네 아 아쎄르 뚜리스모

친척 방문 차 왔어요.

Vine a visitar a un familiar.

비네 아 비시따르 아 운 파밀리아르

(직업을 묻는 말에) 저는 학생이에요.

Soy estudiante.

소이 에스뚜디안떼

저는 직장인이에요.

Soy empleado de oficina.

소이 엠쁠레아도 데 오피씨나

저는 주부예요.

Soy ama de casa.

소이 아마 데 까사

(퇴직해서 무직인 경우) 저는 은퇴했어요.

Soy jubilado.

소이 후빌라도

(숙소 예약확인증을 보여주며) 여기에서 묵을 거예요.

Me alojaré aquí.

메 알로하레 아끼

(숙소를 묻는 말에) 플라자 호텔에 묵을 거예요.

Me alojaré en el Hotel Plaza.

메 알로하레 엔 엘 오뗄 쁠라싸

(머물 기간을 묻는 말에) 일주일간 머물 예정이에요.

Voy a quedarme una semana.

보이 아 께다르메 우나 세마나

이번 주 일요일에 떠나요.

Me marcho el domingo.

메 마르초 엘 도민고

(방문 횟수를 묻는 말에) 처음이에요.

Es mi primera vez.

에스 미 쁘리메라 베스

두 번째 방문이에요.

Es mi segunda vez.

에스 미 세군다 베스

(동행을 묻는 말에) 저 혼자예요.

(남) **Viajo solo.** 비아호 솔로

(여) **Viajo sola.** 비아호 솔라

(나 포함) 두 명이에요.

Somos dos.

소모스 도스

저와 남편, 아들, 이렇게 세 명이에요.

Tres. Mi esposo, mi hijo y yo.

뜨레스. 미 에스뽀소, 미 이호 이 요

(돌아가는 항공권을 묻는 말에 표를 보여주며) 여기 항공권이요.

Aquí tiene mi billete de avión.

아끼 띠에네 미 비예떼 데 아비온

(돌아가는 항공권이 없을 때) 곧 예약하려고 해요.

Haré la reserva pronto.

아레 라 레세르바 쁘론또

(분위기가 이상해지면) 통역사를 불러 주세요.

Necesito un intérprete.

네쎄시또 운 인떼르쁘레떼

무탈하게 세관신고 하기

도착 국가에서 하는 세관신고는 밀수품과 관련해서 까다로울 수 있어요. 또 면세 한도를 초과하는 물건을 소지하고 있다면 자진해서 신고하는 게 상책이에요. 그러지 않으면 적발되었을 때 벌금과 함께 2차 검사로도 이어질 수 있어요.

☑ 신고하다 declair declarar 데끌라라르

직원

- 가방을 열어주겠습니까? Would you please open your bag?
  ¿Podría abrir su maleta?
- 가지고 계신 게 전부입니까? Is this all you have?
  ¿Esto es todo lo que lleva?
- 또 다른 짐이 있나요? Do you have any other baggage?
  ¿Tiene alguna otra maleta?
- 세관에 신고할 게 있나요? Do you have anything to declare?
  ¿Tiene algo que declarar?

(가방을 열어봐도 되냐는 말에) 물론이죠.

Por supuesto. 뽀르 수뿌에스또

(물건 용도를 묻는 말에) 제 개인 소지품이에요.

Es para uso personal.

에스 빠라 우소 뻬르소날

친구들에게 줄 선물이에요.

Son regalos para amigos.

손 레갈로스 빠라 아미고스

(다른 짐이 있는지 묻는 말에) 그게 다예요.

Eso es todo.

에소 에스 또도

신고할 게 없어요.

No tengo nada que declarar.

노 뗑고 나다 께 데끌라라르

(신고할 게 있을 때) 이걸 신고하고 싶어요.

Quisiera declarar esto.

끼시에라 데끌라라르 에스또

(세금을 내야 할 때) 세금이 얼마인가요?

¿Cuánto tengo que pagar?

꾸안또 뗑고 께 빠가르?

(신용카드를 보여주며) 이 카드로 결제해도 될까요?

¿Puedo pagar con esta tarjeta?

뿌에도 빠가르 꼰 에스따 따르헤따?

비행기를 갈아탄다면

중간에 다른 나라를 경유하는 항공권을 예약했거나, 국제선을 타고 와서 그 나라의 국내선으로 바로 갈아탈 때, 공항에서 경유 또는 환승을 해야 해요. 갈아타는 시간이 촉박할 수 있으니 승무원의 안내를 받는 것이 최선이에요.

- ☑ 경유 transit tránsito 뜨란시또
- ☑ 환승 connection conexión 꼬넥씨온
- ☑ 국제선 international internacionales 인떼르나씨오날레스
- ☑ 국내선 domestic nacionales 나씨오날레스
- ☑ 짐 luggage equipajes 에끼빠헤스

(승무원에게) 저는 다른 비행기로 갈아탈 거예요.

Tengo un vuelo de conexión.

뗑고 운 부엘로 데 꼬넥씨온

(표를 보여주며) 저는 어디에서 환승하나요?

¿Dondé hago el transbordo?

돈데 아고 엘 뜨란스보르도?

(국내선으로 갈아탈 때) 국내선 터미널은 어디인가요?

¿Dónde está la terminal de vuelos nacionales?

돈데 에스따 라 떼르미날 데 부엘로스 나씨오날레스?

어떤 게이트로 가야 하나요?

¿A qué puerta me dirijo?

아께 뿌에르따 메 디리호?

짐을 찾아야 하나요?

¿Necesito recoger mi equipaje?

네쎄시또 레꼬헤르 미 에끼빠헤?

가방을 부쳐야 하나요?

¿Necesito facturar mi equipaje?

네쎄시또 팍뚜라르 미 에끼빠헤?

(환승 대기 시간이 길 때) 공항 밖에 잠시 나갔다 와도 되나요?

¿Puedo salir del aeropuerto por un momento?

뿌에도 살리르 델 아에로뿌에르또 뽀르 운 모멘또?

환승 비행기를 놓쳤어요.

Perdí mi vuelo de conexión.

뻬르디 미 부엘로 데 꼬넥씨온

수하물 찾으러 가기

위탁수하물을 찾는 곳은 항공편마다 달라요. 입국심사를 마치고 나오면 곳곳에 있는 스크린에서 항공편별 컨베이어 벨트 번호를 안내하는데, 그곳으로 가서 조금 기다리면 컨베이어 벨트를 따라 나오는 가방들을 볼 수 있어요. 만약의 경우를 대비해 위탁수하물을 맡길 때 받았던 수하물 영수증을 잘 보관해 두세요. 아무리 기다려도 내 가방이 안 나온다면? 가방을 찾았는데 바퀴가 빠진 채라면? 근처에 있는 서비스 데스크에 가서 사고 신고서를 작성하세요.

직원

- 항공편명이 뭔가요? What is your flight number?
  ¿Cuál es su número de vuelo?
- 3번 수하물 찾는 곳으로 가세요. Go to baggage claim number 3.
  Diríjase a la zona de recogida de equipajes número 3.
- 수하물 영수증을 보여주세요.
  Do you have your baggage claim tag?
  Muéstreme la etiqueta de identificación de su equipaje.

☑ 수하물 찾는 곳 baggage claim
recogida equipajes 레꼬히다 에끼빠헤스

☑ 찾다 find encontrar 엔꼰뜨라르

(타고 온 항공편을 보여주며) 수하물 찾는 곳이 어디인가요?

¿Dónde es la recogida de equipajes?

돈데 에스 라 레꼬히다 데 에끼빠헤스?

(누군가 내 짐에 손대면) 그거 제 거예요.

Es mío. 에스 미오

(위탁수하물이 안 나올 때) 제 짐이 나오지 않았어요.

Mi equipaje no salió.

미 에끼빠헤 노 살리오

제 짐을 찾아줄 수 있나요?

¿Podría ayudarme a encontrar mi equipaje?

뽀드리아 아유다르메 아 엔꼰뜨라르 미 에끼빠헤?

수하물 분실신고를 하려면 어디로 가야 하나요?

¿Dónde puedo informar de la pérdida de mi equipaje?

돈데 뿌에도 인포르마르 델라 뻬르디다 데 미 에끼빠헤?

제 짐을 언제 돌려받을 수 있나요?

¿Cuándo llegará mi equipaje?

꾸안도 예가라 미 에끼빠헤?

제 가방이 파손됐어요.

Mi equipaje llegó dañado.

미 에끼빠헤 예고 다냐도

(손해에 대해) 보상해 주세요.

Exijo una compensación.

엑시호 우나 꼼뻰사씨온

안내데스크에 묻기

짐 찾기까지 마쳤다면 이제 공항 밖으로 나가 본격적인 여행을 시작할 준비가 된 거예요. 보통은 체크인을 하기 위해 숙소로 향하거나, 시내 중심가로 가죠. 가는 방법과 교통편을 미리 찾아보고 왔어도, 크고 번잡한 공항에서는 동공 지진이 일어나기 마련! 공항의 시설과 교통에 대해 안내받기 위해서는 안내데스크로 가서 물어보는 게 편할 수 있어요.

- ☑ 안내 information información 인포르마씨온
- ☑ 환전 exchange cambio 깜비오
- ☑ 사다 buy comprar 꼼쁘라르
- ☑ 유심칩 SIM card tarjeta SIM 따르헤따 심
- ☑ 빌리다 rent alquilar 알낄라르
- ☑ 렌터카 car rental alquiler de coches 알낄레르 데 꼬체스
- ☑ 셔틀 shuttle autobús lanzadera 아우또부스 란싸데라
- ☑ 교통 (요금) fare tarifa 따리파

(환전하려면) 환전하는 곳이 어디인가요?

¿Dónde está la oficina de cambio de divisas?

돈데 에스따 라 오피시나 데 깜비오 데 디비사스?

(유심 사기) SIM 카드를 사는 곳이 어디인가요?

¿Dónde puedo comprar una tarjeta SIM?

돈데 뿌에도 꼼쁘라르 우나 따르헤따 심?

차를 렌트하는 곳이 어디인가요?

¿Dónde puedo alquilar un coche?

돈데 뿌에도 알낄라르 운 꼬체?

(주소를 보여주며) 여기에 어떻게 가야 하나요?

¿Cómo llego a este lugar?

꼬모 예고아 에스떼 루가르?

지하철을 타는 곳이 어디인가요?

¿Dónde puedo coger el metro?

돈데 뿌에도 꼬헤르 엘 메뜨로?

플라자 호텔 행 셔틀버스를 타는 곳이 어디인가요?

¿Dónde puedo coger el autobús lanzadera al Hotel Plaza?

돈데 뿌에도 꼬헤르 엘 아우또부스 란싸데라 알 오뗄 쁠라싸?

표를 사는 곳이 어디인가요?

¿Dónde puedo comprar el billete?

돈데 뿌에도 꼼쁘라르 엘 비예떼?

(교통) 요금이 얼마인가요?

¿Cuál es la tarifa?

꾸알 에스 라 따리파?

어디에서 내려야 하나요?

¿Dónde me bajo?

돈데 메 바호?

지도 좀 주시겠어요?

¿Podría darme un mapa?

뽀드리아 다르메 운 마빠?

어디에서 휴대폰을 충전할 수 있나요?

¿Dónde puedo cargar mi móvil?

돈데 뿌에도 까르가르 미 모빌?

차 렌트하기

차를 렌트하려면 미리 국제운전면허증을 준비해야겠죠? 스페인의 도시는 골목이 많고 주차 공간이 협소하기 때문에 소형차를 선택하는 게 좋아요. 계약할 때는 보험 사항과 연료 유형을 파악하고, 차의 외관과 연료 게이지를 사진으로 찍어 두세요.

- ☑ 차 car coche 꼬체
- ☑ 국제운전면허증 international driving permit
  licencia de conducir internacional
  리쎈씨아 데 꼰두씨르 인떼르나씨오날
- ☑ 소형차 economy car
  coche económico 꼬체 에꼬노미꼬
- ☑ 중형차 mid-sized car
  coche mediano 꼬체 메디아노
- ☑ 오토매틱 automatic transmission car
  automático 아우또마띠꼬
- ☑ 보험 insurance seguro 세구로
- ☑ 종합보험 full coverage
  cobertura total 꼬베르뚜라 또딸
- ☑ 네이게이션 GPS
  navegador/GPS 나베가도르/헤뻬에세
- ☑ 유아용 카시트 baby car seat
  asiento infantil 아씨엔또 인판띨

차를 빌리고 싶어요.

Deseo alquilar un coche.

데세오 알낄라르 운 꼬체

(예약했을 때) 예약을 했어요.

He reservado. 에 레세르바도

(렌트비가) 하루에 얼마인가요?

¿Cuánto cuesta por día?

꾸안또 꾸에스따 뽀르 디아?

(가격에) 보험이 포함되었나요?

¿El seguro está incluído?

엘 세구로 에스따 인끌루이도?

차에 보험을 들고 싶어요.

Quiero asegurar el coche.

끼에로 아세구라르 엘 꼬체

종합보험으로 해 주세요.

Cobertura total. 꼬베르뚜라 또딸

차를 점검하고 싶어요.

Déjeme revisar el coche.

데헤메 레비사르 엘 꼬체

브레이크에서 소리가 나요.

He oído un ruido en el freno.

에 오이도 운 루이도 엔 엘 프레노

언제 반납해야 하나요?

¿Cuándo hay que devolverlo?

꾸안도 아이 께 데볼베를로?

반납할 때 차에 기름을 채워야 하나요?

¿Debo rellenar el tanque antes de devolverlo?

데보 레예나르 엘 땅께 안떼스 데 데볼베를로?

다른 지점에서 반납할 수 있나요?

¿Puedo devolverlo en un destino diferente?

뿌에도 데볼베를로 엔 운 데스띠노 디페렌떼?

렌트 기간을 연장하고 싶어요.

Quiero extender el período de alquiler.

끼에로 엑스뗀데르 엘 뻬리오도 데 알낄레르

차를 반납하려 해요.

Quiero devolver este coche.

끼에로 데볼베르 에스떼 꼬체

렌터카 몰기

운전은 언제나 조심! 익숙하지 않은 도로 환경과 낯선 길을 운전하려면 두려움이 생기기 마련이에요. 렌터카를 몰기로 했다면 여행 전에 그 나라의 도로 환경과 교통 법규, 선택할 차종의 운전 방법을 보여주는 영상을 한번 찾아서 보도록 해요.

가까운 주유소가 어디에 있나요?

¿Dónde hay una gasolinera cerca?

돈데 아이 우나 가솔리네라 세르까?

차에 기름을 넣어야 해요.

Necesito llenar el tanque de gasolina.

네쎄시또 예나를 엘 땅케 데 가솔리나

☑ 열쇠key llave 야베

☑ 주차장parking lot
estacionamiento/aparcamiento
에스따시오나미엔또 / 아빠르까미엔또

☑ 주유소gas station gasolinera 가솔리네라

☑ 휘발유gasoline gasolina 가솔리나

☑ 경유diesel diésel 디에셀

☑ 연료 주입구 뚜껑fuel cap
tapón del combustible 따뽄 델 꼼부스티블레

☑ 주차 위반 딱지parking ticket
multa por mal estacionamiento
물따 뽀르 말 에스따시오나미엔또

☑ 속도 위반 딱지speeding ticket
multa por exceso de velocidad
물따 뽀르 엑세소 데 벨로시닷

(기름을) 가득 채워 주세요.

Tanque lleno, por favor.

땅께 예노, 뽀르파보르

30유로어치 넣어 주세요.

30 euros, por favor.

뜨레인따 에우로스, 뽀르파보르

(셀프 주유 시) 이 기기 사용하는 것 좀 도와주시겠어요?

¿Podría ayudarme con esta máquina?

뽀드리아 아유다르메 꼰 에스따 마끼나?

주차장이 어디에 있나요?

¿Dónde hay un aparcamiento?

돈데 아이 운 아빠르까미엔또?

주차 요금이 얼마인가요?

¿Cuánto cuesta el aparcamiento?

꾸안또 꾸에스따 엘 아빠르까미엔또?

주차 위반 딱지를 떼였어요.

Tengo una multa por estacionarme mal.

뗑고 우나 물따 뽀르 에스따씨오나르메 말

차키를 잃어버렸어요.

He perdido las llaves de mi coche.

에 뻬르디도 라스 야베스 데 미 꼬체

도로 표지판

DESVÍO 데스비오 우회 DETOUR	**DIRECCIÓN PROHIBIDA** 디렉씨온 프로이비다 진입금지 DO NOT ENTER
OBRAS 오브라스 공사 중 ROAD WORK AHEAD	**CEDA** 쎄다 양보 YIELD
VELOCIDAD MÁXIMA 벨로시닫 막씨마 속도제한 SPEED LIMIT	**PASO DE PEATONES** 빠소 데 뻬아또네스 보행로 PEDESTRIAN
VADO PERMANENTE 바도 뻬르마넨떼 견인구역 TOW-AWAY ZONE	**PROHIBIDO ESTACIONAR** 쁘로이비도 에스따씨오나르 주차금지 NO PARKING

버스 bus

autobús

아우또부스

버스 정류장 bus stop

parada de autobús

빠라다 데 아우또부스

전철 subway

metro

메뜨로

전철역 subway station

estación de metro

에스따씨온 데 메뜨로

기차 train

tren

뜨렌

기차역 train station

estación de tren

에스따씨온 데 뜨렌

택시 taxi

taxi

딱씨

택시 승강장 taxi stand

parada de taxi

빠라다 데 딱씨

교통

교통편 묻기
승차권 사기
버스 타기
지하철 타기
기차 타기
택시 타기

교통편 묻기

여행지의 교통편에 대해서 미리 알아두고 준비해도, 예기치 않은 종종 일이 생겨요. 반대 방향으로 가거나, 엉뚱한 차를 타거나, 길을 잃거나. 처음 가는 곳이니 당연해요. 훌륭한 교통 앱들이 많지만, 현지인의 도움을 받아보는 것도 좋은 추억이 될 수 있어요. 디스꿀뻬(Disculpe.)로 말문을 떼세요.

- ☑ 교통편 transport transporte 뜨란스뽀르떼
- ☑ 승차권 ticket billete 비예떼
- ☑ 시간표 timetable horario 오라리오
- ☑ 직행 express directo 디렉또
- ☑ 플랫폼 platform andén 안덴

(장소를 보여주며) 이곳으로 어떻게 가나요?

¿Cómo llego a este lugar?

꼬모 예고아 에스떼 루가르?

표는 어디에서 살 수 있나요?

¿Dónde compro el billete?

돈데 꼼쁘로 엘 비예떼?

직행을 타려면 어디로 가야 하나요?

¿Dónde tomo el directo?

돈데 또모 엘 디렉또?

어느 승강장으로 가야 하나요?

¿A qué andén debo ir?

아께 안덴 데보 이르?

이 승강장이 맞나요?

¿Es éste el andén correcto?

에스 에스떼 엘 안덴 꼬렉또?

이 버스는 어디로 가나요?

¿A dónde va este autobús?

아 돈데 바 에스떼 아우또부스?

차가 언제 떠나나요?

¿A qué hora sale?

아께 오라 살레?

승차권 사기

요즘에는 인터넷 사이트나 앱으로도 다른 나라의 표를 살 수 있어요. 무인 승차권 발매기(máquina expendedora 마끼나 엑스펜데도라)도 많아지는 추세인데, 가끔 이런 기기가 더 어려울 때도 있어요. 매표소에서 직원에게 표를 살 때에는 먼저 올라(¡Hola!)라고 인사해요.

- ☑ 요금 fare tarifa 따리파
- ☑ 어른 adult adulto 아둘또
- ☑ 어린이 child niño 니뇨
- ☑ 목적지 destination destino 데스띠노
- ☑ 편도 one-way billete sencillo 비예떼 센씨요
- ☑ 왕복 round-trip ida y vuelta 이다 이 부엘따

직원

- 어디까지 가십니까? Destination?
  ➲ ¿Destino?
- 편도요, 왕복이요? One-way or round-trip?
  ➲ ¿Sencillo o ida y vuelta?
- 왕복표가 필요하세요? Do you need a round-trip ticket?
  ➲ ¿Ida y vuelta?
- 시내에서 버스를 지하철로 바꿔 타세요.
  You should transfer from the bus to the subway downtown.
  ➲ En el centro debe transferir del autobús al metro.

성인 한 장 주세요.

Un adulto, por favor.

운 아둘또, 뽀르파보르

어른 두 장, 아이 한 장 주세요.

Dos adultos y un niño, por favor.

도스 아둘또스 이 운 니뇨, 뽀르파보르

(행선지를 말할 때) 중앙역으로 가는 거요.

A la Estación Central, por favor.

알라 에스따씨온 쎈뜨랄, 뽀르파보르

(돌아오는 표까지 끊을 때) 왕복표로 주세요.

Un billete de ida y vuelta, por favor.

운 비예떼 데 이다 이 부엘따, 뽀르파보르

(요금이) 얼마인가요?

¿Cuánto vale?

꾸안또 발레?

어른 한 명 요금이 얼마인가요?

¿Cuánto vale un billete de adulto?

꾸안또 발레 운 비예떼 데 아둘또?

시내까지 요금이 얼마인가요?

¿Cuánto cuesta un billete hasta el centro?

꾸안또 꾸에스따 운 비예떼 아스따 엘 쎈뜨로?

지하철 노선도 한 장 주세요.

Un mapa de metro, por favor.

운 마빠 데 메뜨로, 뽀르파보르

(버스) 첫차 시간이 언제인가요?

¿A qué hora sale el primer autobús?

아께 오라 살레 엘 쁘리메르 아우또부스?

(버스) 막차 시간이 언제인가요?

¿A qué hora sale el último autobús?

아께 오라 살레 엘 울띠모 아우또부스?

다음 버스는 언제 오나요?

¿A qué hora llega el próximo autobús?

아께 오라 예가 엘 쁘록시모 아우또부스?

다음 기차는 언제 오나요?

¿A qué hora es el próximo tren?

아께 오라 에스 엘 쁘록씨모 뜨렌?

(환승할 때) 어디에서 갈아타나요?

¿En dónde debo cambiar de línea?

엔 돈데 데보 깜비아르 데 리네아?

승차권 발매기가 어디에 있나요?

¿Dónde hay una máquina expendedora?

돈데 아이 우나 마끼나 엑스펜데도라?

(도움을 받고 싶을 때) 좀 도와주시겠어요?

¿Podría ayudarme, por favor?

뽀드리아 아유다르메, 뽀르파보르?

승차권 발매기

tarifa adulto 따리파 아둘또 (성인) 일반 요금 full fare	**comprar un billete** 꼼쁘라르 운 비예떼 탑승권 구매 purchase ticket
insertar 인세르따르 (요금) 투입 insert	**pago** 빠고 지불금 payment
importe 임뽀르떼 지불액 amount due	**billete adicional** 비예떼 아디씨오날 표 추가 additional tickets
moneda 모네다 동전 coins	**billete** 비예떼 지폐 bills
validez 발리데스 유효 valid	**fecha de caducidad** 페차 데 까두씨닷 만료 expires

atrás 아뜨라스 뒤로 가기 back	cancelar / anular 깐쎌라르 / 아눌라르 취소 cancel

버스 타기

버스는 지하철과 다른 매력이 있죠! 버스 안에서 이국적인 풍경들을 원 없이 구경할 수 있고, 현지인들의 모습을 더 가까이서 볼 수 있어요. 버스 기사와 소통할 수 있다는 장점도 있어요. 내려야 할 곳을 잘 모르겠다면 기사에게 미리 알려달라고 말을 걸어볼 수도 있어요. 적어도 버스 노선에 대해서는 기사가 가장 잘 알고 있을 테니까요!

- ☑ 버스 bus autobús 아우또부스
- ☑ 버스 정류장 bus stop parada de autobús 빠라다 데 아우또부스

버스 정류장이 어디에 있나요?

¿Dónde está la parada de autobús?

돈데 에스따 라 빠라다 데 아우또부스?

버스 정류장의 이름이 뭔가요?

¿Cómo se llama la parada de autobús?

꼬모 쎄 야마 라 빠라다 데 아우또부스?

이 버스가 시내로 가는 버스인가요?

¿Este autobús llega al centro?

에스떼 아우또부스 예가 알 쎈뜨로?

(버스를 타면서 기사에게) 시내로 가나요?

¿Va al centro?

바 알 쎈뜨로?

도착하면 알려 주시겠어요?

¿Me podría avisar cuando lleguemos?

메 뽀드리아 아비사르 꾸안도 예게모스?

저는 다음 정거장에서 내려요.

Bajo en la próxima parada, por favor.

바호 엔 라 쁘록씨마 빠라다, 뽀르파보르

(다른 승객에게) 벨 좀 눌러 주세요.

Por favor apriete el botón de STOP.

뽀르파보르 아쁘리에떼 엘 보톤 데 에스똡

지하철 타기

지하철은 다른 교통수단에 비해 운행이 정확하고, 이동이 빠르기 때문에 많은 사람들이 이용해요. 복잡하고 큰 역에서는 탑승 방향을 헷갈릴 수 있으니, 그럴 땐 주저하지 말고 주변의 도움을 요청해 보세요. 지하철은 버스보다 많은 사람들을 운반하기 때문에 그만큼 도움을 줄 수 있는 친절한 사람들도 많아요.

- ☑ 전철 subway metro 메뜨로
- ☑ 전철역 subway station estación de metro 에스따씨온 데 메뜨로
- ☑ 지하철 노선 subway line línea de metro 리네아 데 메뜨로
- ☑ 출구 exit salida 살리다

근처에 지하철역이 있나요?

¿Hay alguna estación de metro cerca?

아이 알구나 에스따씨온 데 메트로 쎄르까?

(도착지를 가리키며) 여기로 가려면 어떤 노선을 타야 하나요?

¿Qué línea debo coger para llegar aquí?

께 리네아 데보 꼬헤르 빠라 예가르 아끼?

지하철 노선표를 어디에서 얻을 수 있나요?

¿Dónde puedo conseguir un mapa del metro?

돈데 뿌에도 꼰세기르 운 마빠 델 메뜨로?

몇 번 출구로 나가면 되나요?

¿Qué salida del metro es?

께 살리다 델 메뜨로 에스?

현지인

- 4호선으로 갈아타세요. Transfer to line no. 4.
  Transfiera a la línea 4.
- 1번 출구로 나가세요. Use exit no. 1.
  Salga por la salida 1.

기차 타기

기차는 장거리를 이동할 때 주로 이용해요. 그래서 예매를 하는 경우가 많죠! 비행기처럼 좌석을 선택할 수 있어요.

☑ 복도 쪽 좌석 aisle seat
asiento de pasillo 아씨엔또 데 빠시요

☑ 창가 쪽 좌석 window seat
asiento con ventanilla 아씨엔또 꼰 벤따니야

☑ 일등석 first class
clase preferente 끌라세 쁘레페렌떼

☑ 일반석 economy seat
clase turista 끌라세 뚜리스따

☑ 침대칸 sleeping car
cabina de cama 까비나 데 까마

☑ 식당칸 dining car
vagón comedor 바곤 꼬메도르

매표소가 어디에 있나요?

¿Dónde se encuentran las taquillas?

돈데 쎄 엔꾸엔뜨란 라스 따끼야스?

어디에서 시간표를 볼 수 있나요?

¿Dónde puedo encontrar los horarios?

돈데 뿌에도 엔꼰뜨라르 로스 오라리오스?

창가 쪽 좌석 한 장 주세요.

Un billete de asiento con ventanilla, por favor.

운 비예떼 데 아씨엔또 꼰 벤따니야, 뽀르파보르

침대칸으로 한 장 주세요.

Un billete para la cabina de cama, por favor.

운 비예떼 빠라 라 까비나 데 까마, 뽀르파보르

어디에서 기차를 타나요?

¿Dónde cojo el tren?

돈데 꼬호 엘 뜨렌?

이 기차가 마드리드 행이 맞나요?

¿Este tren va Madrid?

에스떼 뜨렌 바 마드릿?

(직원에게 표를 보여주며) 제가 어디로 가야 하나요?

¿A dónde tengo que ir?

아 돈데 뗑고 께 이르?

(승무원에게 표를 보여주며) 제가 이 기차에 타는 게 맞나요?

¿Estoy en el tren correcto?

에스또이 엔엘 뜨렌 꼬렉또?

(내 자리에 앉은 승객에게) 여기가 당신 자리인가요?

¿Es éste su asiento?

에스 에스떼 수 아씨엔또?

(지정석이 없을 때) 이 자리에 주인이 있나요?

¿Está ocupado?

에스따 오꾸빠도?

이 자리에 앉아도 되나요?

¿Puedo sentarme aquí?

뿌에도 쎈따르메 아끼?

(안쪽 자리로 들어갈 때) 지나가도 될까요?

Disculpe, ¿podría pasar?

디스꿀뻬, 뽀드리아 빠사르?

식당칸이 어디인가요?

¿Dónde está el vagón comedor?

돈데 에스따 엘 바곤 꼬메도르?

(열차가 잠시 정차했을 때) 여기에서 얼마 동안 정차하나요?

¿Cuánto durará la parada?

꾸안또 두라라 라 빠라다?

승무원

· 표 좀 보여주세요. May I see your ticket, please?

➲ Muéstreme su billete, por favor.

택시 타기

택시는 다른 대중교통에 비해 비싸지만, 여러 번 환승해야 하는 곳에 가거나 많은 짐을 갖고 이동할 때에는 이만큼 편한 게 없어요. 안전한 경로를 이용해 제때에 택시를 이용하면 여행지에서 색다른 경험을 쌓을 수 있어요. 스페인에서는 싣고 가는 캐리어 개수당 추가 요금이 붙고, 요일이나 공휴일에 따라서 금액이 달라질 수 있어요.

어디에서 택시를 타나요?

¿Dónde puedo coger un taxi?

돈데 뿌에도 꼬헤르 운 딱시?

(숙소에서) 택시 좀 불러 주시겠어요?

¿Me podría llamar un taxi, por favor?

메 뽀드리아 야마르 운 딱시, 뽀르파보르?

공항 1터미널로 가 주세요.

A la Terminal 1, por favor.

알라 떼르미날 우노, 뽀르파보르

이 주소로 가 주세요.

A esta dirección, por favor.

아 에스따 디렉씨온, 뽀르파보르

(기사에게) 공항까지 얼마가 나올까요?

¿Cuánto es la tarifa al aeropuerto?

꾸안또 에스 라 따리파 알 아에로뿌에르또?

(요금을 흥정할 때) 너무 비싸요!

¡Qué caro!

께 까로!

트렁크 좀 열어주실래요?

¿Me podría abrir el maletero?

메 뽀드리아 아브리르 엘 말레떼로?

(더우면) 에어컨 좀 틀어주실래요?

¿Aire acondicionado, por favor?

아이레 아꼰디씨오나도, 뽀르파보르?

(히터 바람이 세면) 히터 좀 꺼 주시겠어요?

¿Podría apagar la calefacción, por favor?

뽀드리아 아빠가르 라 깔레팍씨온, 뽀르파보르?

얼마나 걸리나요?

¿Cuánto se tarda?

꾸안또 쎄 따르다?

(너무 느리게 가면) 더 빨리 가 주시겠어요?

¿Podría ir un poco más deprisa?

뽀드리아 이르 운 뽀꼬 마스 데쁘리사?

(너무 빨리 가면) 속도를 늦춰 주시겠어요?

¿Podría ir un poco más despacio?

뽀드리아 이르 운 뽀꼬 마스 데스빠씨오?

목적지에 아직 도착하지 않았나요?

¿Aún no hemos llegado?

아운 노 에모스 예가도?

여기에서 세워 주세요.

Puede dejarme aquí, por favor.

뿌에데 데하르메 아끼, 뽀르파보르

요금이 얼마인가요?

¿Cuánto le debo?

꾸안또 레 데보?

잔돈은 가지세요.

Quédese con el cambio.

께데세 꼰 엘 깜비오

잔돈은 거슬러 주시겠어요?

¿Me puede dar el cambio, por favor?

메 뿌에데 다르 엘 깜비오, 뽀르파보르?

이 신용카드로 결제해도 되나요?

¿Puedo pagar con esta tarjeta?

뿌에도 빠가르 꼰 에스따 따르헤따?

절 태운 곳으로 다시 갈 수 있나요?

¿Podríamos regresar a donde me recogió?

뽀드리아모스 레그레사르 아 돈데 메 레꼬히오?

(내렸다가 다시 타야 할 때) 여기에서 기다려 주세요.

Espere aquí, por favor.

에스뻬레 아끼, 뽀르파보르

호텔 hotel
hotel
오뗄

프런트 데스크 reception
recepción
레쎕씨온

안내 concierge
conserjería
꼰세르헤리아

예약 reservation
reserva
레세르바

체크인 check-in
registro de entrada
레히스뜨로 데 엔뜨라다

체크아웃 check-out
registro de salida
레히스뜨로 데 살리다

객실 room
habitación
아비따씨온

보증금 deposit
depósito
데뽀시또

숙소

체크인하기

편의시설 물어보기

현지에서 숙소 잡기

객실용품 요청하기

객실에 문제가 있을 때

체크아웃하기

체크인하기

숙소에 도착하여 프런트에 여권을 보여주면, 직원이 예약을 확인해요. 신상 정보를 기입하는 체크인 양식을 주기도 하고요. 보증금을 요구하기도 하는데, 이건 투숙객의 기물파손에 대비하는 절차예요. 기물파손이 없다면 보증금은 체크아웃할 때 돌려받아요. 그러니 보증금 영수증은 꼭 챙겨요. 보증금을 신용카드로 결제해서 체크아웃할 때 문제가 없다면 자동으로 승인이 취소된다고 해요.

☑ 체크인 check-in
registro de entrada 레히스뜨로 데 엔뜨라다
☑ 예약 reservation reserva 레세르바

체크인할게요.

Registro de entrada, por favor.

레히스뜨로 데 엔뜨라다, 뽀르파보르

여기 제 예약확인서랑 여권이요.

Aquí tiene mi reserva y pasaporte.

아끼 띠에네 미 레세르바 이 빠사뽀르떼

(일찍 왔을 때) 지금 체크인할 수 있나요?

¿Me puedo registrar ahora?

메 뿌에도 레히스뜨라르 아오라?

(이른 체크인을 못할 때) 짐 좀 보관해 주시겠어요?

¿Me podéis guardar las maletas?

메 뽀데이스 구아르다르 라스 말레따스?

직원

- 이 양식을 쓰고 서명하세요.
  Fill out this form and sign here, please.
  ➲ Rellene este formulario y firme aquí, por favor.
- 보증금을 내셔야 합니다. You have to pay a deposit.
  ➲ Debe dejar un depósito.
- 보증금은 반환됩니다. The deposit is going to be returned.
  ➲ El depósito es reembolsable.
- 계산은 어떻게 하시겠습니까? How would you like to pay?
  ➲ ¿Cómo desea pagar?

☑ 보증금 deposit depósito 데뽀시또
☑ 영수증 receipt recibo 레씨보
☑ 객실 room habitación 아비따씨온
☑ 추가의 additional adicional 아디씨오날

기내 입국 교통 숙소 식당 관광 쇼핑 출국 돌발상황

제 이름으로 예약했어요.

La reserva está a mi nombre.

라 레세르바 에스따 아미 놈브레

(인원이 추가됐을 때) 침대가 추가로 필요해요.

Necesito una cama adicional.

네쎄시또 우나 까마 아디씨오날

추가 요금이 있나요?

¿Debo pagar una tarifa adicional?

데보 빠가르 우나 따리파 아디씨오날?

체크아웃은 몇 시인가요?

¿Cuándo debo registrar mi salida?

꾸안도 데보 레히스뜨라르 미 살리다?

(보증금을 낼 때) 현금으로 낼게요.

Pagaré en efectivo.

빠가레 엔 에펙띠보

카드로 낼게요.

Pagaré con tarjeta.

빠가레 꼰 따르헤따

객실을 업그레이드해 주실 수 있나요?

¿Podría cambiarme a una habitación superior?

뽀드리아 깜비아르메 아 우나 아비따씨온 수뻬리오르?

전망이 좋은 방으로 주세요.

Me gustaría una habitación con vistas.

메 구스따리아 우나 아비따씨온 꼰 비스따스

편의시설 물어보기

숙소 종류에 따라 다양한 편의시설을 누릴 수 있어요. 요즘은 와이파이 안 되는 숙소가 없잖아요. 와이파이 비밀번호는 기본으로 받아야죠. 체크인할 때 이런 편의시설의 위치나 이용 방법, 이용 시간 등에 대해서 충분히 안내받으세요.

- ☑ 조식 breakfast desayuno 데싸유노
- ☑ 모닝콜 wake-up call
  llamada de despertador
  야마다 데 데스뻬르따도르
- ☑ 와이파이 Wi-Fi 위피
- ☑ 비밀번호 password contraseña 꼰뜨라쎄냐

조식은 어디에서 먹을 수 있나요?

¿Dónde puedo desayunar?

돈데 뿌에도 데싸유나르?

조식은 몇 시부터 시작하나요?

¿A qué hora empieza el desayuno?

아께 오라 엠삐에싸 엘 데싸유노

조식은 언제 끝나나요?

¿A qué hora acaba el desayuno?

아께 오라 아까바 엘 데싸유노?

조식은 방으로 갖다주세요.

Envíeme el desayuno a la habitación.

엔비에메 엘 데싸유노 알라 아비따씨온

모닝콜 좀 해 주시겠어요?

¿Me podría dar una llamada de despertador, por favor?

메 뽀드리아 다르 우나 야마다 데 데스뻬르따도르, 뽀르파보르?

와이파이가 있나요?

¿Tenéis Wi-Fi?

떼네이스 위피?

비밀번호가 뭔가요?

¿Cuál es la contraseña?

꾸알 에스 라 꼰뜨라쎄냐?

어디에서 컴퓨터를 쓸 수 있나요?

¿Puedo usar un ordenador?

뿌에도 우사르 운 오르데나도르?

☑ 세탁 laundry lavandería 라반데리아

☑ 방 청소 housekeeping
limpieza interna 림삐에싸 인떼르나

☑ 무료 생수 complimentary water
agua de cortesía 아구아 데 꼬르떼씨아

☑ 귀중품 valuables
objetos de valor 오브헤또스 데 발로르

세탁 서비스가 있나요?

¿Tenéis servicio de lavandería?

떼네이스 세르비씨오 데 라반데리아?

세탁을 해야 해요.

Necesito servicio de lavandería.

네쎄시또 세르비씨오 데 라반데리아

무료 생수가 있나요?

¿Hay agua de cortesía?

아이 아구아 데 꼬르떼씨아?

☑ 수영장pool piscina 삐씨나

☑ 헬스장gym gimnasio 힘나씨오

☑ 셔틀버스shuttle bus
servicio de traslados 세르비씨오 데 뜨라스라도스

주차장이 어디에 있나요?

¿Dónde está el aparcamiento?

돈데 에스따 엘 아빠르까미엔또?

수영장에 어떻게 가나요?

¿Cómo llego a la piscina?

꼬모 예고 알라 삐씨나?

수영장이 문 닫는 시간은 언제인가요?

¿A qué hora cierra la piscina?

아께 오라 씨에라 라 삐씨나?

짐 옮기는 것 좀 도와주시겠어요?

¿Podría ayudarme a cargar mis maletas, por favor?

뽀드리아 아유다르메 아 까르가르 미스 말레따스, 뽀르파보르?

공항으로 가는 셔틀버스가 있나요?

¿Hay algún servicio de traslado al aeropuerto?

아이 알군 세르비씨오 데 뜨라스라도 알 아에로뿌에르또?

셔틀버스 시간표가 있나요?

¿Tiene la tabla de horarios?

띠에네 라 따블라 데 오라리오스?

관광할 만한 곳이 있나요?

¿Algún lugar para hacer turismo?

알군 루가르 빠라 아쎄르 뚜리스모?

(관광지의) 주소를 알려 주실 수 있나요?

¿Me podría dar la dirección?

메 뽀드리아 다르 라 디렉씨온?

현지에서 숙소 잡기

보통은 숙소를 미리 예약하지만, 장기 여행자들 중에서는 현지에서 숙소를 잡는 분들도 많아요. 현지에서 직접 숙소들을 둘러보면 인터넷으로 보는 것과 다른 객실 상태와 숙소의 분위기를 파악할 수 있다는 장점이 있어요.

☑ 1인실 single room
habitación individual 아비따씨온 인디비두알

☑ 2인실(침대 1개) double room
habitación doble (una cama)
아비따씨온 도블레(우나 까마)

☑ 1인용 침대 2개 twin room
habitación doble (dos camas)
아비따씨온 도블레(도스 까마스)

☑ 3인실 triple room
habitación triple 아비따씨온 뜨리쁠레

☑ 가족실 family room
habitación de familia 아비따씨온 데 파밀리아

☑ 금연 객실 nonsmoking room
habitación para no fumadores
아비따씨온 빠라 노 푸마도레스

☑ 흡연 객실 smoking room
habitación para fumadores
아비따씨온 빠라 푸마도레스

(지금) 방이 있나요?

¿Tiene habitación disponible ahora?

띠에네 아비따씨온 디스뽀니블레 아오라?

하룻밤 묵으려고 해요.

Deseo hospedarme una noche.

데세오 오스뻬다르메 우나 노체

(혼자일 때) 1인실 하나 주세요.

Un habitación individual, por favor.

우나 아비따씨온 인디비두알, 뽀르파보르

3명이 묵을 방 하나 주세요.

Una habitación para tres personas, por favor.

우나 아비따씨온 빠라 뜨레스 뻬르소나스, 뽀르파보르

일주일간 묵을 거예요.

Me hospedaré durante una semana.

메 오스뻬다레 두란떼 우나 세마나

하룻밤 숙박비가 얼마인가요?

¿Cuánto cuesta la habitación por noche?

꾸안또 꾸에스따 라 아비따씨온 뽀르 노체?

(숙박비에) 아침식사 포함인가요?

¿El desayuno viene incluído?

엘 데싸유노 비에네 인끌루이도?

세금이 포함된 가격인가요?

¿Los impuestos están incluídos?

로스 임뿌에스또스 에스딴 인끌루이도스?

방을 보여 주시겠어요?

¿Podría ver la habitación?

뽀드리아 베르 라 아비따씨온?

객실용품 요청하기

숙소 유형에 따라서 객실용품(amenidades 아메니다데스)이 무한 제공될 수도 있고, 아예 없을 수도 있어요. 예약할 때 숙소에서 제공하는 객실용품의 범위를 미리 알아두고, 부족한 것은 짐 쌀 때 챙겨야 해요. 부족한 객실용품은 당당하게 요구하세요.

- ☑ 수건 towel toalla 또아야
- ☑ 베개 pillow almohada 알모아다
- ☑ 비누 soap jabón 하본
- ☑ 칫솔 toothbrush cepillo de dientes 쎄삐요 데 디엔떼스
- ☑ 치약 toothpaste pasta de dientes 빠스따 데 디엔떼스
- ☑ 바디워시 body wash gel de ducha 헬 데 두차
- ☑ 샴푸 shampoo champú 참뿌
- ☑ 린스 hair conditioner crema suavizante 끄레마 수아비싼떼
- ☑ 빗 hair brush peine 뻬이네
- ☑ 헤어드라이어 hair dryer secador de cabello 세까도르 데 까베요
- ☑ 옷걸이 hanger percha 뻬르차

☑ 화장실 휴지 toilet paper
papel higiénico 빠뻴 이히에니꼬

☑ 면도기 razor
maquinilla de afeitar 마끼니야 데 아페이따르

☑ 충전기 charger cargador 까르가도르

☑ 우산 umbrella paraguas 빠라과스

수건이 더 필요해요.

Necesito más toallas, por favor.

네쎄시또 마스 또아야스, 뽀르파보르

베개 하나 주시겠어요?

¿Me podría traer una almohada, por favor?

메 뽀드리아 뜨라에르 우나 알모아다, 뽀르파보르?

휴지가 없어요.

No hay papel higiénico.

노 아이 빠뻴 이히에니꼬

휴대폰 충전기가 있나요?

¿Tiene cargador de móvil?

띠에네 까르가도르 데 모빌?

우산 좀 쓸 수 있나요?

¿Me presta un paraguas, por favor?

메 쁘레스타 운 빠라과스, 뽀르파보르?

객실에 문제가 있을 때

여장을 푼 방에 문제가 생겼다면 바로 직원에게 알리고 상황을 개선하는 게 좋아요. 청결하지 않은 청소 상태, 시설 고장, 냄새, 소음 등 방을 바꿔야 할 상황이 생길 수도 있어요. 객실에서 프런트에 전화할 때는 올라!(¡Hola!)로 시작합니다.

제 방에 문제가 있어요.

Tengo un problema en mi habitación.

뗑고 운 쁘로블레마 엔 미 아비따씨온

전등이 나갔어요.

No tengo luz.

노 뗑고 루스

☑ 전등 light luz 루스

☑ 에어컨 air conditioner(AC)
aire acondicionado 아이레 아꼰디씨오나도

☑ 히터 heater calefactor 깔레팍또르

☑ 냉장고 fridge refrigerador 레프리헤라도르

☑ 변기 toilet inodoro 이노도로

☑ 비데 bidet bidé 비데

☑ 샤워기 shower ducha 두차

☑ 전기 콘센트 outlet
toma de corriente 또마 데 꼬리엔떼

☑ 금고 safe caja de seguridad 까하 데 세구리닷

☑ 침대 bed cama 까마

☑ 침대 시트 bed sheet sábana 사바나

☑ 열쇠 key llave 야베

(방이) 추워요.

Hace mucho frío.

아쎄 무초 프리오

히터가 고장 났어요.

El calefactor no funciona.

엘 깔레팍또르 노 푼씨오나

히터 사용하는 것 좀 도와주실래요?

¿Podríais ayudarme con el calefactor?

뽀드리에이스 아유다르메 꼰 엘 깔레팍또르?

TV가 안 켜져요.

La televisión no funciona.

라 텔레비씨온 노 푼씨오나

TV 리모콘을 못 찾겠어요.

No encuentro el control remoto de la televisión.

노 엔꾸엔뜨로 엘 꼰뜨롤 레모또 델라 텔레비씨온

콘센트가 부족해요.

No hay tomas de corriente suficientes.

노 아이 또마스 데 꼬리엔떼 수피씨엔떼스

뜨거운 물이 안 나와요.

No sale el agua caliente.

노 살레 엘 아구아 깔리엔떼

☑ 깨끗한 clean limpio 림삐오
☑ 더러운 dirty sucio 수씨오

변기가 고장 났어요.

El inodoro está atascado.

엘 이노도로 에스따 아따스까도

방이 깨끗하지 않아요.

Mi habitación no está limpia.

미 아비따씨온 노 에스따 림삐아

침대가 더러워요.

Mi cama está sucia.

미 까마 에스따 쑤씨아

제 침대 시트 좀 바꿔 주시겠어요?

¿Podríais cambiarme las sábanas, por favor?

뽀드리에이스 깜비아르메 라스 사바나스, 뽀르파보르?

지금 바꿔 주시겠어요?

¿Podríais cambiarlas ahora?

뽀드리에이스 깜비아르라스 아오라?

지금 고쳐 주시겠어요?

¿Podríais arreglarlo ahora?

뽀드리에이스 아레글라를로 아오라?

옆방이 너무 시끄러워요.

La habitación de al lado es muy ruidosa.

라 아비따씨온 데 알라도 에스 무이 루이도사

방을 바꿔 주세요.

Cambiadme de habitación.

깜비앗메 데 아비따씨온

(안에 열쇠가 있는데) 방문이 잠겼어요.

Dejé mis llaves en la habitación.

데헤 미스 야베스 엔 라 아비따씨온

(문이 잠겼을 때) 문 좀 열어 주시겠어요?

¿Podríais abrirme la puerta?

뽀드리에이스 아브리르메 라 뿌에르따?

제 방 열쇠를 잃어버렸어요.

He perdido mi llave.

에 뻬르디도 미 야베

체크아웃하기

체크아웃 시간은 지키는 게 좋지만 추가 요금을 내고 늦은 퇴실(salida tardía 살리다 따르디아)을 요청한다면 문제 없어요. 짐을 맡기고 싶다면 프론트에 요청할 수 있어요. 체크인할 때 보증금을 냈다면 돌려받는 것도 잊지 말고요. 미니바가 갖춰진 방에 묵었다면 미니바 사용 유무를 묻기도 해요. 정산할 게 있다면 영수증을 충분히 살펴본 후에 결제하세요.

직원

- 머무시는 동안 즐거운 시간이 되셨기를 바랍니다. I hope you had an enjoyable stay.
  ➲ Esperamos que haya disfrutado de su estancia.
- 미니바를 이용하셨나요? Have you used the minibar?
  ➲ ¿Ha consumido algo del minibar?
- 어떻게 결제하시겠습니까? How would you like to pay?
  ➲ ¿Cómo desea pagar?

☑ 체크아웃 check-out
registro de salida 레히스뜨로 데 살리다

☑ 보증금 deposit depósito 데뽀시또

☑ 미니바 minibar minibar 미니바르

☑ 청구서 bill factura 팍뚜라

☑ 팁 tip propina 쁘로삐나

체크아웃이요.

Registro de salida, por favor.

레히스뜨로 데 살리다, 뽀르파보르

여기 방 열쇠요.

Aquí tiene la llave.

아끼 띠에네 라 야베

(이곳에) 머무는 동안 즐거웠어요.

He disfrutado de mi estancia.

에 디스프루따도 데 미 에스딴씨아

제 보증금 돌려주세요.

Mi reembolso de depósito.

미 레엠볼소 데 데뽀시또

미니바는 이용하지 않았어요.

No he consumido nada del minibar.

노 에 꼰수미도 나다 델 미니바르

제가 얼마를 내야 하나요?

¿Cuánto debo pagar?

꾸안또 데보 빠가르?

청구서를 보여 주시겠어요?

¿Podría ver la factura?

뽀드리아 베르 라 팍뚜라?

이건 팁이에요.

Propina. 쁘로삐나

- ☑ 청구하다charge cobrar 꼬브라르
- ☑ 체크하다check comprobar 꼼쁘로바르
- ☑ 남기다leave dejar 데하르
- ☑ 연장하다prolong prolongar 쁘로롱가르

이 요금은 왜 청구됐나요?

¿Por qué me cobráis esto?

뽀르 께 메 꼬브라이스 에스또?

(청구서를) 다시 체크해 주시겠어요?

¿Podría comprobarlo una vez más?

뽀드리아 꼼쁘로바를로 우나 베스 마스?

(체크아웃 후) 프론트에 짐 좀 보관해 주시겠어요?

¿Podría dejar mis maletas en recepción?

뽀드리아 데하르 미스 말레따스 엔 레셉씨온?

(짐을 찾으러) 2시경에 돌아올게요.

Estaré de vuelta a eso de las dos de la tarde.

에스따레 데 부엘따 아 에소 데 라스 도스 델라 따르데

늦게 체크아웃할 수 있을까요?

¿Puedo hacer mi registro de salida más tarde?

뿌에도 아쎄르 미 레히스뜨로 데 살리다 마스 따르데?

숙박을 연장하고 싶어요.

Me gustaría prolongar mi estancia.

메 구스따리아 쁘로롱가르 미 에스딴씨아

한국음식점 Korean restaurant

restaurante coreano

레스따우란떼 꼬레아노

패스트푸드점 fast-food joint

comida rápida

꼬미다 라삐다

커피전문점 coffee shop

cafetería

까페떼리아

자리 table

mesa

메사

메뉴(판) menu

carta de menú

까르따 데 메누

주문 order

pedido

뻬디도

계산서 check

cuenta

꾸엔따

팁 tip

propina

쁘로삐나

식당

식당에서 자리 잡기
음식 주문하기
식당 예약하기
요리 방법 요청하기
추가 요청하기
불만 표현하기
음식값 계산하기
패스트푸드와 커피

식당에서 자리 잡기

여행 앱에서 평점이 좋은 식당을 찾아가는 즐거움! 길을 걷다가 즉흥적으로 마음에 드는 식당에 들어가 보는 것도 여행의 묘미예요. 현지인이 아니다 보니 그곳의 식문화가 생소할 수 있어요. 식당에 들어가면 마음대로 자리를 골라 앉기보다는 직원을 기다려서 안내를 받고, 원하는 자리가 있다면 정중하게 요청해 보세요.

안내 문구

- 여기에서 주문하세요. Order here.
  - Haga el pedido aquí.
- 여기에서 음식을 가져가세요. Pick up food.
  - Recoja su comida aquí.

직원

- 여기에서 드시겠습니까, 가져가시겠습니까? For here or to go?
  - ¿Para comer aquí o para llevar?
- 일행이 몇 분이십니까? How many in your party?
  - ¿Cuántos sois?
- 코트를 맡아드릴까요? May I take your coat?
  - ¿Le guardo su abrigo?

☑ 자리 table mesa 메사
☑ 실내 inside dentro 덴뜨로
☑ 야외 outside afuera 아푸에라
☑ 위층 upstairs arriba 아리바
☑ 아래층 downstairs abajo 아바호
☑ 금연 구역 non-smoking section no fumadores 노 푸마도레스
☑ 흡연 구역 smoking section fumadores 푸마도레스

(직원에게) 자리 있나요?

¿Tiene una mesa libre?

띠에네 우나 메사 리브레?

2명 자리 있나요?

¿Tendría una mesa para dos?

뗀드리아 우나 메사 빠라 도스?

(일행이) 두 명이요.

Dos, por favor.

도스, 뽀르파보르

창가 자리로 주세요.

Una mesa al lado de la ventana, por favor.

우나 메사 알 라도 델라 벤따나, 뽀르파보르

(자리가 마음에 안 들 때) 자리를 바꿔도 될까요?

¿Me puede cambiar de mesa?

메 뿌에데 깜비아르 데 메사?

(웨이팅이 있을 때) 얼마나 기다려야 하나요?

¿Cuánto hay que esperar?

꾸안또 아이 께 에스뻬라르?

기다릴게요.

Esperaré.

에스뻬라레

식당에서 먹고 갈 거예요.

Para comer aquí, por favor.

빠라 꼬메르 아끼, 뽀르파보르

(음식을) 가져갈 거예요.

Para llevar, por favor.

빠라 예바르, 뽀르파보르

(남은 음식을 가리키며) 가져갈 수 있나요?

¿Me lo puedo llevar?

멜로 뿌에도 예바르?

음식 주문하기

여행의 꽃은 현지 음식을 맛보는 것! 현지 음식에 대해 미리 찾아 본다면 메뉴판을 보는 데 오랜 시간을 들이지 않겠죠. 하지만 생소한 언어로 된 메뉴판에서 원하는 것을 주문하기란 쉽지 않은 일이에요. 그럴 때는 식당의 대표 음식을 달라고 하거나, 옆에 앉은 현지인이 먹는 걸 시켜보는 게 어떨까요? 요즘에는 번역 앱이 상당히 발달했기 때문에 휴대폰으로 메뉴판을 찍으면 무슨 요리인지, 어떤 재료가 들어가는지 알 수 있어요.

- ☑ 메뉴(판) menu carta de menú 까르따 데 메누
- ☑ 오늘의 메뉴 today's special menú del día 메누 델 디아
- ☑ 추천 recommendation recomendación 레꼬멘다씨온

메뉴판 주세요.

La carta de menú, por favor.

라 까르따 데 메누, 뽀르파보르

영어나 한국어로 된 메뉴판이 있나요?

¿Tenéis carta de menú en inglés o coreano?

떼네이스 까르따 데 메누 엔 인글레스 오 꼬레아노?

특선 메뉴가 있나요?

¿Tenéis menú del día?

떼네이스 메누 델 디아?

저녁식사로 추천할 만한 요리가 있나요?

¿Qué recomendáis para la cena?

께 레꼬멘다이스 빠라 라 쎄나?

여기는 어떤 음식을 잘하나요?

¿Cuál es vuestra especialidad?

꾸알 에스 부에스뜨라 에스뻬씨알리닷?

추천 음식이 있나요?

¿Alguna recomendación?

알구나 레꼬멘다씨온?

이 음식에는 뭐가 들어가 있나요?

¿Qué ingredientes lleva este plato?

께 인그레디엔떼스 예바 에스떼 쁠라또?

(옆에 앉은 현지인에게) 그 음식은 어떤가요?

¿Qué tal está?

께딸 에스따?

직원

· 주문하시겠습니까? Are you ready to order?

¿Le tomo su pedido?

잠시만요.

Un momento, por favor.

운 모멘또, 뽀르파보르

육류

- ☑ 소고기|beef
  carne de ternera 까르네 데 떼르네라
- ☑ 돼지고기|pork
  carne de cerdo 까르네 데 쎄르도
- ☑ 양고기|mutton/lamb
  carne de cordero 까르네 데 꼬르데로
- ☑ 닭chicken pollo 뽀요
- ☑ 오리duck pato 빠또
- ☑ 초리소chorizo chorizo 초리쏘
- ☑ 햄ham jamón 하몬

해산물

- ☑ 문어octopus pulpo 뿔뽀
- ☑ 조개clam almejas 알메하스
- ☑ 홍합mussel mejillones 메히요네스
- ☑ 새우shrimp gambas 감바스
- ☑ 오징어squid calamar 깔라마르
- ☑ 참치tuna atún 아뚠
- ☑ 굴oyster ostra 오스뜨라
- ☑ 멸치anchovy anchoa 안초아
- ☑ 대구codfish bacalao 바깔라오

음식이 나오는 순서

- ☑ 애피타이저 appetizer
  aperitivo 아뻬리띠보
- ☑ 첫 번째 요리 first course
  primer plato 쁘리메르 쁠라또
- ☑ 메인 요리 main course
  segundo plato 세군도 쁠라또
- ☑ 후식 dessert
  postre 뽀스뜨레

기타 음식

- ☑ 타파스(식전 술과 곁들여 간단히 먹는 소량의 음식) tapas 따빠스
- ☑ 빵 bread pan 빤
- ☑ 감자 potato patatas 빠따따스
- ☑ 빠에야 paella 빠에야
- ☑ 판투마카(토마토 얹은 빵)
  pantumaca (pan con tomate)
  빤뚜마까(빤 꼰 또마떼)
- ☑ 크로켓 croquette croqueta 끄로께따
- ☑ 스페인식 오믈렛 Spanish omelette
  tortilla 또르띠아
- ☑ 음료 drink bebida 베비다

☑ 주문order pedido 뻬디도

주문 받아 주실래요?

¿Me toma el pedido, por favor?

메 또마 엘 뻬디도, 뽀르파보르?

(주문할) 준비가 되면 부를게요.

(남) **Le llamo cuando esté listo.**

레 야모 꾸안도 에스떼 리스또

(여) **Le llamo cuando esté lista.**

레 야모 꾸안도 에스떼 리스따

(메뉴판의 음식을 가리키며) 이거 하나 주세요.

Éste, por favor.

에스떼, 뽀르파보르

(같은 음식을 주문할 때) 같은 걸로 할게요.

Lo mismo.

로 미스모

채식 메뉴가 있나요?

¿Tenéis menú vegetariano?

떼네이스 메누 베헤따리아노?

주문을 바꿔도 될까요?

¿Puedo cambiar mi pedido?

뿌에도 깜비아르 미 뻬디도?

(음료를 주문할 때) 커피 한 잔 주세요.

Un café, por favor.

운 까페, 뽀르파보르

맥주 있나요?

¿Tenéis cerveza?

떼네이스 쎄르베싸?

(시원한 물이 필요할 때) 얼음물 좀 주시겠어요?

¿Me podría dar agua con hielo, por favor?

메 뽀드리아 다르 아구아 꼰 이엘로, 뽀르파보르?

스페인과 대부분의 중남미 국가에서는 생수가 일반 물과 탄산수로 구분이 돼요. 물을 주문하면 웨이터는 아구아 꼰 가스(agua con gas 탄산수)를 원하는지, 아구아 씬 가스(agua sin gas 일반 물)를 원하는지 물어볼 거예요.

탄산수로 주세요.

Agua con gas, por favor.

아구아 꼰 가스, 뽀르파보르

그냥 물로 주세요.

Agua sin gas, por favor.

아구아 씬 가스, 뽀르파보르

(디저트를 안 먹을 때) 디저트는 생략할게요.

El postre para la próxima.

엘 뽀스뜨레 빠라 라 쁘록시마

식당 예약하기

인기 있는 식당 앞에서 무작정 웨이팅을 하기보다는 예약(reserva 레세르바)을 해보는 것은 어떨까요? 식사 인원과 시간, 예약자 이름, 연락처를 알려줘야 하고, 식당에 따라서는 미리 메뉴를 정해야 할 수도 있어요.

- ☑ 아침식사 desayuno 데싸유노
- ☑ 오전 11시경 먹는 간식 almuerzo 알무에르쏘
- ☑ 오후 2~3시경 점심식사 comida 꼬미다
- ☑ 저녁 5시경 먹는 간식 merienda 메리엔다
- ☑ 밤 9시 이후 저녁식사 cena 쎄나

(식당이) 언제 문을 여나요?

¿A qué hora abrís?

아께 오라 아브리스?

언제 문을 닫나요?

¿A qué hora cerráis?

아께 오라 쎄라이스?

예약해야 하나요?

¿Se necesita reserva?

쎄 네쎄시따 레세르바?

(예약 시간을 묻는 말에) 저녁 7시요.

A las siete de la noche.

알 라스 씨에떼 델라 노체

제 이름은 한나예요.

A nombre de Hannah.

아 놈브레 데 하나(아나)

지금 음식을 주문해야 하나요?

¿Tengo que hacer el pedido de la comida ahora?

뗑고 께 아쎄르 엘 뻬디도 델라 꼬미다 아오라?

메뉴판 좀 볼게요.

Permítame ver la carta de menú.

뻬르미따메 베르 라 까르따 데 메누

주차장이 있나요?

¿Tenéis aparcamiento?

떼네이스 아빠르까미엔또?

제 예약을 취소하고 싶어요.

Quisiera cancelar mi reserva.

끼시에라 깐셀라르 미 레세르바

제 예약을 변경하고 싶어요.

Quisiera cambiar mi reserva.

끼시에라 깜비아르 미 레세르바

요리 방법 요청하기

식사로 스테이크를 골랐다면 구운 정도를 선택할 수 있어요. 특정 재료에 알레르기가 있다면 주문할 때 빼달라고 요청해요.

직원

· 스테이크를 어떻게 요리해드릴까요?

How would you like your steak?

¿A qué punto de cocción desea su filete?

스테이크의 구운 정도

☑ 날것인 rare poco hecho 뽀꼬 에초

☑ 중간 정도 익힌 medium
en su punto 엔 쑤 뿐또

☑ 적당히 익힌 medium well-done
un poco más hecho 운 뽀꼬 마스 에초

☑ 완전히 익힌 well-done
muy hecho 무이 에초

조리 방법

☑ 그릴에 구운 grilled a la parrilla 알라 빠리야

☑ 오븐에 구운 baked al horno 알 오르노

☑ 튀긴 fryed frito 프리또

☑ 찐 steamed al vacío 알 바씨오

(스테이크) 중간으로 익혀 주세요.

En su punto, por favor.

엔 쑤 뿐또, 뽀르파보르

제가 새우에 알레르기가 있어요.

Tengo alergia a las gambas.

뗑고 알레르히아 알라스 감바스

☑ 매운spicy picante 삐깐떼
☑ 단sweet dulce 둘쎄
☑ 짠salty salado 살라도
☑ 소금salt sal 쌀
☑ 후추pepper pimienta 삐미엔따

제가 매운 고추를 못 먹어요.

No puedo comer guindilla picante.

노 뿌에도 꼬메르 긴디야 삐깐떼

너무 맵지 않게 해 주세요.

No muy picante, por favor.

노 무이 삐깐떼, 뽀르파보르

너무 짜지 않게 해 주세요.

No muy salado, por favor.

노 무이 살라도, 뽀르파보르

(음식이 싱겁다면) 소금과 후추 좀 주세요.

Sal y pimienta, por favor.

쌀 이 삐미엔따, 뽀르파보르

후추는 빼 주세요.

Sin pimienta, por favor.

씬 삐미엔따, 뽀르파보르

추가 요청하기

포크나 젓가락, 접시 등 식당에 기본으로 세팅되어 있는 것 외에도 필요하다면 추가로 요청해야죠. 실수로 포크를 바닥에 떨어뜨렸다거나, 직원에게서 받은 물잔이 더럽다면 새것으로 달라고 말해야 하고요.

- ☑ 냅킨 napkin servilleta 쎄르비예따
- ☑ 접시 plate plato 쁠라또
- ☑ 그릇 bowl cuenco 꾸엔꼬
- ☑ 컵 cup vaso 바소
- ☑ 칼 knife cuchillo 꾸치요
- ☑ 포크 fork tenedor 떼네도르
- ☑ 스푼 spoon cuchara 꾸차라

(냅킨이 없을 때) 냅킨 좀 주시겠어요?

¿Me podría dar servilletas, por favor?

메 뽀드리아 다르 세르비예따스, 뽀르파보르?

(앞접시가 필요할 때) 접시 하나 주시겠어요?

¿Me podría dar un plato, por favor?

메 뽀드리아 다르 운 쁠라또, 뽀르파보르?

(필요한 것을 가리키며) 하나 더 주시겠어요?

¿Me podría dar uno más, por favor?

메 뽀드리아 다르 우노 마스, 뽀르파보르?

포크 하나 주세요.

Un tenedor, por favor.

운 떼네도르, 뽀르파보르

컵이 더러워요.

El vaso no está limpio.

엘 바소 노 에스따 림삐오

새것으로 주시겠어요?

¿Me podría dar uno nuevo?

메 뽀드리아 다르 우노 누에보?

(식당이 더울 때) 에어컨 좀 틀어주실래요?

¿Podría poner el aire acondicionado?

뽀드리아 뽀네르 엘 아이레 아꼰디씨오나도?

(의자가 부족할 때) 이 의자 써도 되나요?

¿Puedo usar esta silla?

뿌에도 우사르 에스따 시야?

(옆 테이블 사람에게) 이 의자 쓰세요?

¿Está ocupada esta silla?

에스따 오꾸빠다 에스따 시야?

(후식이 나오기 전) 식탁 좀 치워 주시겠어요?

¿Me podría recoger la mesa?

메 뽀드리아 레꼬헤르 라 메사?

(남은 음식을) 포장해 주세요.

Para llevar, por favor.

빠라 예바르, 뽀르파보르

불만 표현하기

우리나라 식당에서도 겪을 수 있는 황당한 일을 외국에서 겪지 않으리라는 보장은 없어요. 의사소통에 자신이 없다고 그냥 넘어가지 말고, 간단하지만 적절한 말로 표현해 주세요. 좋지 않은 상황일수록 여유를 가지고, 디스꿀뻬(Disculpe.)로 말문을 떼세요. 스페인 음식은 기본적으로 우리나라 음식보다 짜요. 원래 그들의 스타일이 그러한데 마냥 불평할 수는 없겠지요. 미리 너무 짜지 않게 해달라고(No muy salado, por favor. 노 무이 살라도, 뽀르파보르) 요청하세요.

☑ 주문order pedido 뻬디도
☑ 음식meal comida 꼬미다
☑ 음료beverage bebida 베비다

(테이블이 더러울 때) 테이블 좀 닦아 주시겠어요?

¿Podría limpiar la mesa, por favor?

뽀드리아 림삐아르 라 메사, 뽀르파보르?

(음식이 잘못 나왔을 때) 제가 주문한 게 아니에요.

Este no es mi pedido.

에스떼 노 에스 미 뻬디도

(음식이 안 나올 때) 음식이 아직 안 나왔어요.

No me habéis dado la comida aún.

노 메 아베이스 다도 라 꼬미다 아운

음료가 아직 안 나왔어요.

No me habéis dado mi bebida aún.

노 메 아베이스 다도 미 베비다 아운

- ☑ 식은cold frío 프리오
- ☑ 덜 익은undercooked crudo 끄루도
- ☑ 탄burnt quemado 께마도

음식이 식었어요.

Está fría.

에스따 프리아

음식이 약간 덜 익은 것 같아요.

Creo que está medio crudo.

끄레오 께 에스따 메디오 끄루도

(덜 익거나 찬 음식을) 데워 주시겠어요?

¿Podría calentarlo, por favor?

뽀드리아 깔렌따를로, 뽀르파보르?

음식이 탔어요.

Está quemado.

에스따 께마도

새 음식으로 주시겠어요?

¿Me trae uno nuevo?

메 뜨라에 우노 누에보?

음식에서 뭐가 나왔어요.

Encontré algo en la comida.

엔꼰뜨레 알고 엔 라 꼬미다

음식이 상한 것 같아요.

Me parece que está podrido.

메 빠레세 께 에스따 뽀드리도

음식에서 이상한 냄새가 나요.

Huele mal.

우엘레 말

매니저 불러 주세요.

Quiero hablar con el gerente, por favor.

끼에로 아블라 꼰 엘 헤렌떼, 뽀르파보르

음식값 계산하기

음식을 다 먹은 후에 계산서를 요청해서 자리에서 계산할 수도 있고, 미리 받아둔 계산서를 들고 직접 카운터에 가서 계산할 수도 있어요. 우리에게는 없는 팁 문화가 그곳에 있다면, 챙겨 주는 것도 매너예요. 스페인에서는 식당에서 팁을 주는 게 관례예요. 팁 계산이 어렵다면 Tip N Split 같은 팁 계산기 앱의 도움을 받아보세요.

(음식을) 다 먹었어요.

Terminé. 떼르미네

He acabado. 에 아까바도

- ☑ 계산서 bill/check cuenta 꾸엔따
- ☑ 개별 계산서 separate check
  cuenta por separado 꾸엔따 뽀르 쎄빠라도
- ☑ 부가가치세 VAT IVA 이바
- ☑ 현금 cash efectivo 에펙띠보
- ☑ 카드 card tarjeta 따르헤따
- ☑ 팁 tip propina 쁘로삐나

계산서 주세요.

La cuenta, por favor.

라 꾸엔따, 뽀르파보르

어디에서 계산하나요?

¿Dónde pago?

돈데 빠고?

전부 얼마인가요?

¿Cuánto es todo en total?

꾸안또 에스 또도 엔 또딸?

각자 계산해 주세요.

Cuenta por separado, por favor.

꾸엔따 뽀르 쎄빠라도, 뽀르파보르

직원

- (결제를) 현금으로 하시겠습니까, 카드로 하시겠습니까? Cash or card?
  ➲ ¿En efectivo o con tarjeta de crédito?
- 카드를 읽혀 주세요. Swipe your card.
  ➲ Inserte la tarjeta, por favor.

현금으로 계산할게요.

Pagaré en efectivo.

빠가레 엔 에펙띠보

카드로 계산할게요.

Pagaré con tarjeta.

빠가레 꼰 따르헤따

이 쿠폰 쓸 수 있나요?

¿Aceptáis este cupón?

아셉따이스 에스떼 꾸뽄?

팁이 포함됐나요?

¿La propina está incluída?

라 쁘로삐나 에스따 인끌루이다?

이건 팁이에요.

Aquí tiene la propina.

아끼 띠에네 라 쁘로삐나

(거스름돈을 팁으로 줄 때) 잔돈은 가지세요.

Quédese con el cambio.

께데세 꼰 엘 깜비오

영수증 좀 주세요.

El recibo, por favor.

엘 레씨보, 뽀르파보르

(금액이 맞지 않을 때) 계산이 잘못된 것 같아요.

Creo que la cuenta está mal.

끄레오 껠라 꾸엔따 에스따 말

거스름돈이 틀려요.

Me dio mal el cambio.

메 디오 말 엘 깜비오

(계산서를) 다시 확인해 주시겠어요?

¿Me la revisa de nuevo?

메 라 레비사 데 누에보?

(계산서에서) 이거는 뭔가요?

¿A qué se refiere esto?

아께 쎄 레피에레 에스또?

이 음식은 주문하지 않았어요.

No pedí esta comida.

노 뻬디 에스따 꼬미다

(잘못된 카드결제에 대해) 결제가 취소되었나요?

¿Me canceló el pago?

메 깐셀로 엘 빠고?

패스트푸드와 커피

현지의 특색 있는 음식도 좋지만 익숙한 맛이 당길 때가 있어요. '그' 패스트푸드가 생각날 때가 있고, '그' 커피 맛이 그리울 때가 있어요. 세계 어느 곳에나 있는 프랜차이즈지만, 각 도시의 특색을 살린 메뉴를 내놓기도 하니, 맛볼 기회가 있다면 한 번 먹어보는 것도 색다른 재미예요.

☑ 주변에 around here por aquí 뽀르 아끼

근처에 버거킹이 있나요?

¿Habrá un Burger King por aquí?

아브라 운 부르게르 낑 뽀르 아끼?

근처에 있는 스타벅스를 찾고 있어요.

Estoy buscando un Starbucks por aquí.

에스또이 부스깐도 운 에스따르북스 뽀르 아끼

직원

- 어떤 걸 드릴까요? What can I get for you?
  - ¿Qué le sirvo?
- 음료는 무엇으로 드릴까요? What would you like to drink?
  - ¿Algo para beber?
- 어떤 사이즈로 드릴까요? What size would you like?
  - ¿De qué tamaño?
- 더 필요한 건 없으세요? Anything else?
  - ¿Algo más?
- 여기에서 드실 건가요, 가지고 가실 건가요? For here or to go?
  - (음식) ¿Para comer aquí o para llevar?
  - (음료) ¿Para beber aquí o para llevar?

음료 컵 사이즈

- ☑ 큰 컵 large grande 그란데
- ☑ 중간 컵 medium medio 메디오
- ☑ 작은 컵 small pequeño 뻬께뇨

(세트를 주문할 때) 3번 세트 하나 주세요.

Un menú tres, por favor.

운 메누 뜨레스, 뽀르파보르

콜라 한 잔 주세요.

Una Coca-cola, por favor.

우나 꼬까꼴라, 뽀르파보르

(음료의 컵 사이즈를 선택할 때) 큰 사이즈로 주세요.

Uno grande.

우노 그란데

매장 안에서 먹을 거예요.

Para comer aquí.

빠라 꼬메르 아끼

가져갈 거예요.

Para llevar, por favor.

빠라 예바르, 뽀르파보르

커피 종류

café solo 까페 솔로 에스프레소	**americano** 아메리까노 아메리카노
café largo 까페 라르고 양이 많고 진한 에스프레소	**café con leche** 카페 꼰 레체 에스프레소1+우유1 (카페라테와 비슷)
café cortado 까페 꼬르따도 에스프레소+우유 (카페 꼰 레체보다 씁쓸)	**café con hielo** 까페 꼰 이엘로 에스프레소에 얼음 추가
bombón 봄본 연유1+에스프레소1	**carajillo** 까라히요 브랜디나 위스키 조금 들어간 커피

아이스 아메리카노 한 잔 주세요.

Un americano con hielo, por favor.

운 아메리까노 꼰 이엘로, 뽀르파보르

카푸치노 톨 사이즈로 한 잔 주세요.

Un cappuccino largo.

운 까뿌치노 라르고

샷 추가해 주세요.

Lo quiero cargado, por favor.

로 끼에로 까르가도, 뽀르파보르

샷 하나 빼 주세요.

Lo quiero poco cargado, por favor.

로 끼에로 뽀꼬 까르가도, 뽀르파보르

얼음을 더 주세요.

Más hielo, por favor.

마스 이엘로, 뽀르파보르

크림을 더 올려 주세요.

Con más espuma, por favor.

꼰 마스 에스뿌마, 뽀르파보르

관광 정보 tour information

información turística

인포르마씨온 뚜리스띠까

박물관 museum

museo

무세오

미술관 art museum

museo de arte

무세오 데 아르떼

극장 theater

teatro

떼아뜨로

갤러리 gallery

galería

갈레리아

성 castle

castillo

까스띠요

대성당 cathedral

catedral

까떼드랄

동굴 cave

cueva

꾸에바

관광

관광안내소

길 물어보기

전시/공연 관람

관람 에티켓

사진 촬영 에티켓

관광안내소

관광 정보를 얻을 수 있는 곳은 많아요. 인터넷의 정보를 찾아 볼 수도 있고, 한국에서 산 여행책을 챙겨갈 수도 있어요. 현지인의 추천을 받을 수도 있죠. 큰 도시에서는 관광객들을 위해 관광안내소를 운영해요. 그곳에서 무료로 관광 정보를 얻을 수 있어요. 국가에서 운영해서 안전하고 믿을 만한 관광 상품을 소개받을 수도 있어요.

☑ 시내 지도 city map
plano de la ciudad 쁠라노 델라 씨우닷

☑ 시내 투어 버스 city tour bus
bus turístico 부스 뚜리스띠꼬

☑ 할인 discount descuento 데스꾸엔또

관광 정보를 얻을 수 있을까요?

¿Podría obtener información turística?

뽀드리아 옵떼네르 인포르마씨온 뚜리스띠까?

시내 지도가 있나요?

¿Tendría un plano de la ciudad?

뗀드리아 운 쁠라노 델라 씨우닷?

시내 투어 버스가 있나요?

¿Habrá algún bus turístico?

아브라 알군 부스 뚜리스띠꼬?

투어를 신청하고 싶어요.

Quisiera apuntarme para el tour.

끼시에라 아뿐따르메 빠라 엘 뚜르

여기에서 예약하면 되나요?

¿Se podría hacer la reserva aquí?

쎄 뽀드리아 아쎄르 라 레세르바 아끼?

한국인 가이드가 있나요?

¿Tenéis guía en coreano?

떼네이스 기아 엔 꼬레아노?

(학생일 때) 학생 할인이 되나요?

¿Hacéis descuento a estudiantes?

아쎄이스 데스꾸엔또 아 에스뚜디안떼스?

(투어가) 언제 시작하나요?

¿Cuándo comienza?

꾸안도 꼬미엔싸?

언제 끝나나요?

¿Cuándo termina?

꾸안도 떼르미나?

취소 수수료가 있나요?

¿Cobráis tasa de cancelación?

꼬브라이스 따사 데 깐셀라씨온?

어디에서 와이파이를 쓸 수 있나요?

¿Dónde puedo usar Wi-Fi?

돈데 뿌에도 우사르 위피?

전화기 좀 써도 될까요?

¿Podría usar su teléfono?

뽀드리아 우사르 수 뗄레포노?

공중전화가 어디에 있나요?

¿Dónde puedo encontrar un teléfono público?

돈데 뿌에도 엔꼰뜨라르 운 뗄레포노 뿌블리꼬?

길 물어보기

길 찾기 앱이 발달했다고 해도 가끔은 길을 잃고 헤매는 스스로를 발견하죠! 지금 서 있는 여기가 어디인지 도통 모를 때에는 거리에서 시간을 낭비하지 말고 현지인에게 도움을 요청해 보세요. 생각보다 많은 사람들이 도움을 주려고 해요. 친절해 보이는 현지인에게 다가가 디스꿀뻬(Disculpe.)라고 하면서 말을 붙여 보세요.

- ☑ 길을 잃은 lost perdido 뻬르디도
- ☑ 가다 go ir 이르
- ☑ 버스를 타고 by bus en autobús 엔 아우또부스
- ☑ 걸어서 on foot a pie 아삐에

길을 잃었어요.

Estoy perdido.

에스또이 뻬르디도

(건물의 이름을 보여주며) 이 건물을 찾고 있어요.

Estoy buscando este edificio.

에스또이 부스깐도 에스떼 에디피씨오

(목적지를 알려 주고) 제가 어디로 가야 하나요?

¿Por dónde tengo que ir?

뽀르 돈데 뗑고 께 이르?

(지도에서 장소를 가리키며) 여기에 어떻게 가나요?

¿Cómo hago para llegar aquí?

꼬모 아고 빠라 예가르 아끼?

버스로 얼마나 걸리나요?

¿Cuánto tardaría en autobús?

꾸안또 따르다리아 엔 아우또부스?

걸어서 갈 수 있나요?

¿Se puede ir a pie?

쎄 뿌에데 이르 아 삐에?

현지인

· (걸어서) 데려다드릴게요. I'll walk you there.

Te acompaño. / Le acompaño.

· 따라오세요. Follow me.

Sígueme. / Sígame.

전시/공연 관람

전시장이나 공연장에 입장하기 전에 매표소에서 표를 사고, 오디오 가이드 같은 대여품을 빌리기도 해요. 짐이 무겁다면 물품 보관소에 맡겨 보세요.

- 매표소 ticket office taquilla 따끼야
- 입장료 admission fee entrada 엔뜨라다
- 상영 시간 showtime duración 두라씨온
- 매진된 sold out agotadas 아고따다스
- 전시 exhibition exhibición 엑시비씨온
- 공연 show espectáculo 에스뻭따꿀로

성인 표 한 장 주세요.

Un adulto, por favor.

운 아둘또, 뽀르파보르

내일 공연 표 두 장 주세요.

Dos entradas para mañana, por favor.

도스 엔뜨라다스 빠라 마냐나, 뽀르파보르

(예약증을 보여주며) 예약했어요.

Tengo una reserva.

뗑고 우나 레세르바

(공연이) 언제 시작하나요?

¿Cuándo comienza?

꾸안도 꼬미엔싸?

다음 공연은 몇 시인가요?

¿A qué hora dáis el segundo espectáculo?

아께 오라 다이스 엘 세군도 에스뻭따꿀로?

남은 표가 있나요?

¿Quedan entradas?

께단 엔뜨라다스?

직원

· 표가 매진됐어요. It's sold out.

➲ Las entradas están agotadas.

☑ 빌리다 rent alquilar 알낄라르

☑ 대여소 rental area
punto de alquiler 뿐또 데 알낄레르

☑ 대여료 rental fee
precio de alquiler 쁘레씨오 데 알낄레르

☑ 오디오 가이드 audio guide
audioguía 아우디오기아

☑ 휠체어 wheelchair
silla de ruedas 시야 데 루에다스

☑ 오페라 안경 opera glasses
binoculares 비노꿀라레스

☑ 유모차 stroller
carrito de bebé 까리또 데 베베

☑ 반납 return devolución 데볼루씨온

오디오 가이드를 대여하고 싶어요.

Quiero alquilar un audioguía.

끼에로 알낄라르 운 아우디오기아

한국말 오디오 가이드가 있나요?

¿Tenéis audioguía en coreano?

떼네이스 아우디오기아 엔 꼬레아노?

(사용법을 모를 때) 이것 좀 도와주겠어요?

¿Me podría ayudar con esto?

메 뽀드리아 아유다르 꼰 에스또?

(작동이 안 될 때) 작동하지 않는 것 같아요.

Creo que no funciona.

끄레오 께 노 푼씨오나

다른 것 있나요?

¿Tiene otro?

띠에네 오뜨로?

☑ 입구 entrance entrada 엔뜨라다

☑ 출구 exit salida 살리다

☑ (차례를 기다리는) 줄 line cola 꼴라

☑ 안내 책자 brochure folleto 포예또

☑ 화장실 restroom baño 바뇨

☑ 보관소 locker taquilla 따끼야

☑ 소지품 belongings pertenencias 뻬르떼넨씨아스

☑ 기념품 가게 gift shop
tienda de regalos 띠엔다 데 레갈로스

(건물 밖에서) 입구가 어디에 있나요?

¿Dónde está la entrada?

돈데 에스따 라 엔뜨라다?

(공연 중일 때) 들어가도 되나요?

¿Puedo entrar?

뿌에도 엔뜨라르?

어디에서 줄을 서야 하나요?

¿Dónde es la cola?

돈데 에스 라 꼴라?

안내책자 하나 주시겠어요?

¿Me podría dar un folleto?

메 뽀드리아 다르 운 포예또?

물품보관소가 어디에 있나요?

¿Dónde hay una taquilla?

돈데 아이 우나 따끼야?

저와 자리 좀 바꿔주실 수 있나요?

¿Podríamos cambiar asientos?

뽀드리아모스 깜비아르 아씨엔또스?

(나갈 때) 출구가 어디에 있나요?

¿Dónde es la salida?

돈데 에스 라 살리다?

이쪽이 출구인가요?

¿Por aquí es la salida?

뽀르 아끼 에스 라 살리다?

관람 에티켓

관람 에티켓은 나 먼저 잘 지키면 좋겠죠?

(안쪽 자리로 들어갈 때) 지나가도 될까요?

Disculpe, ¿puedo pasar?

디스꿀뻬, 뿌에도 빠사르?

(잠시 자리를 비울 때) 제 자리 좀 맡아 주시겠어요?

¿Me cuida el asiento, por favor?

메 꾸이다 엘 아씨엔또, 뽀르파보르?

(앞 시야를 가리는 사람에게) 자리에 좀 앉아 주시겠어요?

¿Podría sentarse, por favor?

뽀드리아 센따르세, 뽀르파보르?

(뒷자리 사람에게) 제 좌석을 차지 말아 주세요.

No patee el asiento, por favor.

노 빠떼에 엘 아씨엔또, 뽀르파보르

(시끄러운 사람에게) 조용히 해 주세요.

Podría bajar la voz, por favor.

뽀드리아 바하르 라 보스, 뽀르파보르

안내 문구

- 금연 No Smoking
  ➲ Prohibido Fumar
- 음식물 및 음료 반입 금지 No Food Allowed
  ➲ No Se Permite Comida
- 애완동물 입장 불가 No Pets
  ➲ Prohibida La Entrada Con Animales
- 만지지 마세요. Do Not Touch
  ➲ No Tocar
- 쓰레기를 버리지 마세요. No Littering
  ➲ No Tirar Basura
- 큰 소리를 내지 마세요. No Yelling
  ➲ No Gritar
- 보안요원이 가방을 검색할 수 있습니다.
  Security may ask to search your bag.
  ➲ Seguridad puede pedir revisar su cartera.

사진 촬영 에티켓

여행에서 남는 것은 사진뿐! 혼자 여행한다거나 일행이 모두 나오는 사진을 찍고 싶다면, 주변의 사람들에게 찍어 달라고 부탁해 보세요. 먼저 사진을 찍어 주는 것도 방법이고요. 사진 촬영이 금지된 곳도 있으니 잘 확인하세요.

☑ 사진 photo foto 포또

☑ 사진을 찍다 take a photo
tomar una foto 또마르 우나 포또

여기에서 사진 찍어도 되나요?

¿Puedo tomar una foto aquí?

뿌에도 또마르 우나 포또 아끼?

이거 사진 찍어도 되나요?

¿Le puedo tomar una foto a esto?

레 뿌에도 또마르 우나 포또 아 에스또?

여기에 삼각대를 세워도 될까요?

¿Puedo poner el trípode aquí?

뿌에도 뽀네르 엘 뜨리뽀데 아끼?

(사진 촬영을 부탁할 때) 사진 좀 찍어 주시겠어요?

¿Me podría tomar una foto, por favor?

메 뽀드리아 또마르 우나 포또, 뽀르파보르?

(사진기를 건네며) 여기를 누르면 돼요.

Presione aquí, por favor.

쁘레시오네 아끼, 뽀르파보르

(건물을 가리키며) 저 건물이 나오게 찍어 주세요.

Que salga ese edificio, por favor.

께 살가 에세 에디피씨오, 뽀르파보르

플래시 없이 찍어 주세요.

Sin flash, por favor.

씬 플라쉬, 뽀르파보르

한 장 더 찍어 주세요.

Una más, por favor.

우나 마스, 뽀르파보르

제가 한 장 찍어드릴까요?

¿Le tomo una foto?

레 또모 우나 포또?

(찍어준 사진에 대해) 어떠세요?

¿Qué le parece?

껠레 빠레쎄?

안내 문구

- 사진 촬영 금지 No Cameras
  ➲ Prohibido Hacer Fotografías
- 촬영 금지 No Filming
  ➲ Prohibido Grabar Videos
- 사진 플래시 금지 No Flash
  ➲ Prohibido Hacer Fotos Con Flash
- 셀카봉 사용 금지 No Selfie Stick
  ➲ Prohibido Palo Selfi
- 삼각대 사용 금지 No Tripod
  ➲ Prohibido El Uso De Trípode

슈퍼마켓 supermarket
supermercado
수뻬르메르까도

백화점 department store
centro comercial
쎈트로 꼬메르씨알

시장 market
mercado
메르까도

야시장 night market
mercado nocturno
메르까도 녹뚜르노

가격 price
precio
쁘레씨오

거스름돈 change
cambio
깜비오

교환 exchange
cambiar
깜비아르

환불 refund
reembolso
레엠볼소

쇼핑

쇼핑 시작하기

착용해보기

계산하기

값 흥정하기

포장 요청하기 / EMS 보내기

교환/환불 하기

쇼핑 시작하기

여행지에서의 쇼핑은 맛집 탐방만큼이나 중요해요. 면세점 쇼핑과 현지 쇼핑 모두 빼놓을 수 없어요. 사고 싶은 것은 따로 메모해 두거나, 사진을 준비해서 직원에게 직접 보여주는 것이 편리하고 빨라요.

- ☑ 화장품 cosmetics cosméticos 꼬스메띠꼬스
- ☑ 선크림 sunscreen
  protector solar 쁘로떽또르 솔라르
- ☑ 향수 perfume perfume 뻬르푸메
- ☑ 선글라스 sunglasses gafas de sol 가파스 데 솔
- ☑ 지갑 wallet billetera 비예떼라
- ☑ 주류 alcohol/liquor licores 리꼬레스
- ☑ 담배 cigarette/tobacco
  cigarrillo / tabaco 씨가리요 / 따바꼬
- ☑ 기념품 souvenir recuerdos 레꾸에르도스
- ☑ 뚜론 turrón 뚜론
- ☑ 올리브유 olive oil
  aceite de oliva 아쎄이떼 데 올리바
- ☑ 레드 와인 red wine vino tinto 비노 띤또
- ☑ 화이트 와인 white wine vino blanco 비노 블랑꼬

직원

· 무엇을 도와드릴까요? May I help you?

➲ ¿En qué le puedo ayudar?

화장품을 찾고 있어요.

Estoy buscando cosméticos.

에스또이 부스깐도 꼬스메띠꼬스

(사려는 물건의 사진을 보여주며) 이 물건이 있나요?

¿Tiene esto?

띠에네 에스또?

이 물건은 어디에 있나요?

¿Dónde está esto?

돈데 에스따 에스또?

(윈도쇼핑을 할 때) 그냥 둘러보고 있어요.

Sólo estoy mirando.

쏠로 에스또이 미란도

착용해보기

의류나 신발을 살 때에는 직접 착용해 보세요. 현지인들의 체형과 나의 체형이 생각보다 많이 다를 수 있어요. 사이즈가 맞지 않다면 더 큰(más grande 마스 그란데) 것이나, 더 작은(más pequeño 마스 뻬께뇨) 것을 달라고 요청해요.

- ☑ 탈의실 fitting room probador 쁘로바도르
- ☑ 착용해 보다 try probar 쁘로바르
- ☑ 거울 mirror espejo 에스뻬호

입어(신어) 봐도 되나요?

¿Me lo puedo probar?

멜로 뿌에도 쁘로바르?

탈의실이 어딘가요?

¿Dónde está el probador?

돈데 에스따 엘 쁘로바도르?

거울 있나요?

¿Tiene espejo?

띠에네 에스뻬호?

직원

· 잘 맞으세요? How does it fit?

¿Le queda bien?

- 더 긴 longer más largo 마스 라르고
- 더 짧은 shorter más corto 마스 꼬르또
- 더 작은 smaller más pequeño 마스 뻬께뇨
- 헐렁한 loose más suelto 마스 수엘또
- 꽉 끼는 tight más justo 마스 후스또

(딱 맞을 때) 아주 좋아요.

Me encanta.

메 엔깐따

제 사이즈가 아니에요.

No es mi talla.

노 에스 미 따야

(사이즈가 클 때) 더 작은 걸로 있나요?

¿Tiene uno más pequeño?

띠에네 우노 마스 뻬께뇨?

(사이즈가 길 때) 너무 길어요.

Es muy largo.

에스 무이 라르고

다른 색깔로 있나요?

¿Tiene en otros colores?

띠에네 엔 오뜨로스 꼴로레스?

이거 하얀색으로 있나요?

¿Lo tiene en blanco?

로 띠에네 엔 블랑꼬?

(구매하기로 결정했을 때) 이걸로 살게요.

Me lo llevo.

멜로 예보

(구매하려는 물건이 두 개일 때) 둘 다 주세요.

Me llevo los dos.

메 예보 로스 도스

(손 타지 않은 물건을 받고 싶을 때) 새것 있나요?

¿Tiene uno nuevo?

띠에네 우노 누에보?

(쇼핑을 계속하고 싶을 때) 좀 더 둘러볼게요.

Daré una vuelta más.

다레 우나 부엘따 마스

(구매하지 않고 나갈 때 인사처럼) 나중에 올게요.

Volveré luego.

볼베레 루에고

계산하기

면세는 국경을 넘는 외국인 여행자에게 주어지는 혜택! 길거리 나 시장에서 쇼핑하는 게 아니라면, 세금 환급을 노려보세요. 유명 드럭스토어나 대형 쇼핑몰에서는 자체 면세 카운터가 있어서 즉시 면세가가 적용되기도 해요. 나라마다 면세의 범위와 한도가 다르지만, 사전에 알아보고 쇼핑 계획을 짠다면 좀 더 현명한 쇼핑을 할 수 있어요.

- ☑ 가격price precio 쁘레씨오
- ☑ 세금tax impuesto 임뿌에스또
- ☑ 세금 환급VAT refund
  devolución del IVA 데볼루씨온 델 이바
- ☑ 면세가 되는tax-free
  libre de impuestos 리브레 데 임뿌에스또스

(사려는 물건이 하나일 때) 얼마인가요?

¿Cuánto cuesta?

꾸안또 꾸에스따?

(사려는 물건이 여러 개일 때) 모두 얼마인가요?

¿Cuánto es en total?

꾸안또 에스 엔 또딸?

가격표가 없어요.

No encuentro el precio.

노 엔꾸엔뜨로 엘 쁘레씨오

(가격표를 보며) 세금이 포함된 가격인가요?

¿Está incluído el impuesto?

에스따 인끌루이도 엘 임뿌에스또?

세금 환급을 받을 수 있나요?

¿Puedo obtener devolución del IVA?

뿌에도 옵떼네르 데볼루씨온 델 이바?

- ☑ 현금 cash efectivo 에펙티보
- ☑ 신용카드 credit card tarjeta de crédito 따르헤따 데 끄레디또
- ☑ 체크카드 debit card tarjeta de débito 따르헤따 데 데비또
- ☑ 쿠폰 coupon cupón 꾸뽄
- ☑ 영수증 receipt recibo 레씨보

현금으로 계산할게요.

Pagaré en efectivo.

빠가레 엔 에펙티보

카드로 계산할게요.

Pagaré con tarjeta.

빠가레 꼰 따르헤따

직원

· 카드를 읽혀 주세요. Swipe your card.

Deslice su tarjeta.

이 쿠폰을 쓸 수 있나요?

¿Puedo usar este cupón?

뿌에도 우사르 에스떼 꾸뽄?

(계산대에서 물건을 뺄 때) 죄송하지만, 이건 뺄게요.

Disculpe, quitaré ésto.

디스꿀뻬, 끼따레 에스또

영수증 주세요.

El recibo, por favor.

엘 레씨보, 뽀르파보르

(영수증 금액이 맞지 않을 때) 여기 계산이 이상해요.

Creo que hay algo mal aquí.

끄레오 께 아이 알고 말 아끼

다시 확인해 주시겠어요?

¿Le importaría revisarlo, por favor?

레 임뽀르따리아 레비사를로, 뽀르파보르?

(영수증에서) 이 항목은 뭔가요?

¿Qué es ésto?

께 에스 에스또?

이 물건은 사지 않았어요.

No he comprado este artículo.

노 에 꼼쁘라도 에스떼 아르띠꿀로

(잘못된 결제에 대해) 결제가 취소되었나요?

¿El pago está cancelado?

엘 빠고 에스따 깐셀라도?

값 흥정하기

흥정할 때에는 말보다 행동이 효과적이에요. 비싸다 싶으면 돌아서는 것으로 끝! 그래도 잡지 않으면 그 가게와는 인연이 아닌 거죠.

- ☑ 비싼 pricey caro 까로
- ☑ 더 싼 cheaper más barato 마스 바라또
- ☑ 할인 중 on sale en rebaja 엔 레바하

가격이 너무 비싸요.

Es muy caro.

에스 무이 까로

더 저렴한 것 있나요?

¿Tiene algo más barato?

띠에네 알고 마스 바라또?

(물건을 가리키며) 이거 할인 중인가요?

¿Está en rebaja?

에스따 엔 레바하?

할인해 줄 수 있나요?

¿Me podría hacer una rebaja?

메 뽀드리아 아쎄르 우나 레바하?

현금으로 내면 할인되나요?

¿Me rebaja si pago en efectivo?

메 레바하 씨 빠고 엔 에펙띠보?

(흥정이 안 될 때 돌아서며) 됐어요.

No pasa nada.

노 빠사 나다

직원

· 정찰제입니다. This is a set price.
 ➲ Es precio fijo.

· 잘 사시는 겁니다. This is a good buy.
 ➲ Es una buena compra.

포장 요청하기 / EMS 보내기

쇼핑한 물건을 담을 일회용 봉투를 요청한다면 환경부담금을 내야 할 수도 있어요. 대형 매장에서는 선물 포장도 가능하니 선물용이라면 한번 시도해 보세요. 비행기 위탁수하물의 무게 제한을 초과할 정도로 쇼핑했다면 국제소포서비스(EMS)를 이용해 보세요.

- ☑ 비닐봉투 plastic bag
  bolsa de plástico 볼사 데 쁠라스띠꼬
- ☑ 종이봉투 paper bag
  bolsa de papel 볼사 데 빠뻴
- ☑ 포장하다 envolver 엔볼베르

(계산을 마치고) 쇼핑백에 넣어 주세요.

¿Me lo pone en una bolsa, por favor?

멜로 뽀네 엔 우나 볼사, 뽀르파보르?

(쇼핑백이 필요 없을 때) 저 가방 있어요.

Tengo dónde llevarlo.

뗑고 돈데 예바를로

(쇼핑백이) 무료인가요?

¿Es gratis?

에스 그라띠스?

포장해 주시겠어요?

¿Me lo envuelve?

멜로 엔부엘베?

가격표는 떼어 주세요.

¿Me quita la etiqueta?

메 끼따 라 에띠께따?

같이 포장해 주시겠어요?

¿Me lo envuelve junto?

멜로 엔부엘베 훈또?

따로따로 포장해 주시겠어요?

¿Me lo envuelve por separado?

멜로 엔부엘베 뽀르 세빠라도?

(물건 보관을 요청할 때) 잠시 보관해줄 수 있나요?

¿Me lo guarda un momento?

멜로 구아르다 운 모멘또?

EMS 라벨 문구

☑ 비서류용 소포 Goods/Non-document/Parcel
Bienes/No-documentos/Paquete
비에네스/노 도꾸멘또스/빠께떼

☑ 우편번호 Postal code
Código postal 꼬디고 뽀스딸

☑ 내용물 Contents Contenido 꼰떼니도

☑ 물품 가격 Value Valor 발로르

☑ 수량 Quantity/Amount
Cantidad/Monto 깐띠다드/몬또

(우체국에서) 이 소포를 서울로 부치려고 해요.

Quisiera enviar este paquete a Seúl, Corea.

끼시에라 엔비아르 에스떼 빠께떼 아 쎄울, 꼬레아

(항공편) 국제 소포로 보낼 거예요.

Vía aérea, por favor.

비아 아에레아, 뽀르파보르

(요금이) 얼마인가요?

¿Cuánto cuesta?

꾸안또 꾸에스따?

언제 도착하나요?

¿Cuándo llega?

꾸안도 예가?

직원

· 소포 내용물이 뭔가요? What's inside the package?

¿Qué hay dentro del paquete?

교환/환불 하기

구매 전에 상품을 꼼꼼히 살펴보고 산다면 교환하거나 환불하는 번거로움이 생기지 않아요. 그럼에도 상품에 하자가 있어서 교환/환불을 해야 한다면 결제했던 영수증을 꼭 챙기세요.

- 교환하다 exchange cambiar 깜비아르
- 환불하다 refund reembolso 레엠볼소
- 하자가 있는 damaged dañado 다냐도
- 망가진 broken roto 로또
- 얼룩이 있는 stained manchado 만차도

(교환할 물건을 보여주며) 이 물건을 교환하고 싶어요.

Quisiera cambiar esto.

끼시에라 깜비아르 에스또

교환할 수 있나요?

¿Puedo cambiarlo?

뿌에도 깜비아를로?

환불받을 수 있나요?

¿Me lo reembolsa?

멜로 레엠볼사?

(물건에) 하자가 있어요.

Tiene una falla.

띠에네 우나 파야

(물건에) 스크래치가 있어요.

Está rayado.

에스따 라야도

제가 그런 게 아니에요.

No fui yo.

노 퓌 요

저는 사용하지 않았어요.

No lo usé.

놀로 우쎄

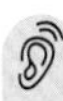

직원

· 영수증을 가지고 계신가요? Do you have the receipt?

¿Tenéis el recibo?

· 카드결제가 취소되었습니다. The transactions have been cancelled.

La transacción ha sido cancelada.

안내 문구

· 교환/환불 불가 No refunds or exchanges

No se admiten cambios ni devoluciones

공항 airport

aeropuerto

아에로뿌에르또

국제선 international

internacionales

인떼르나씨오날레스

항공권 예약확인증 e-ticket

billete electrónico

비예떼 엘렉뜨로니꼬

탑승 boarding

embarque

엠바르께

남성 승객 passenger

pasajero

빠사헤로

여성 승객 passenger

pasajera

빠사헤라

체크인 check-in

facturación

팍뚜라씨온

게이트 gate

puerta

뿌에르따

출국

체크인하기
세금 환급받기
검색대 통과하기
탑승 기다리기
항공사에 보상 요청하기
항공권 예약하기

체크인하기

외국 공항에서의 출국도 인천국제공항에서의 출국과 비슷해요. 이용하는 항공사의 카운터를 찾아서 항공권 예약확인증과 여권을 보여주세요. 위탁수하물이 있다면 부치고 나서 수하물 영수증을 꼭 챙기세요. 가방에 깨질 법한 물건이 들어 있다면 항공사 직원에게 '취급주의(frágil 프라힐)' 스티커를 붙여 달라고 요청하세요.

☑ 체크인 check-in facturación 팍뚜라씨온

☑ 기내용 수하물 carry-on baggage
equipaje de mano 에끼빠헤 데 마노

국제선이 어디인가요?

¿Dónde está la Terminal Internacional?

돈데 에스따 라 떼르미날 인떼르나씨오날?

아시아나 항공 카운터는 어디에 있나요?

¿Dónde está el mostrador de Asiana?

돈데 에스따 엘 모스뜨라도르 데 아시아나?

(항공사 카운터에서) 체크인할게요.

Facturación, por favor.

팍뚜라씨온, 뽀르파보르

직원

- 항공권과 여권 주세요. Can I see your ticket and passport?
  - ¿Me muestra su billete y pasaporte?
- 부치실 짐이 있나요? Do you have any baggage to check in?
  - ¿Tiene equipaje a facturar?

(항공권과 여권을 주며) 여기요.

Aquí tiene.

아끼 띠에네

(위탁수하물을 맡길 때) 부칠 짐이 있어요.

Tengo equipaje a facturar.

뗑고 에끼빠헤 아 팍뚜라르

가방에 '취급 주의' 스티커를 붙여 주시겠어요?

¿Me pega la etiqueta de "frágil," por favor?

메 뻬갈라 에띠께따 데 프라힐, 뽀르파보르?

직원

- 가방이 제한 무게를 초과했어요. Your luggage is over-weight.
  Su maleta excedió el límite de peso.
- 가방이 제한 규격을 초과했어요. Your luggage is over-sized.
  Su maleta excedió el límite de volumen.
- 추가 요금을 내셔야 해요. There is an extra charge for it.
  Debe pagar un coste adicional.

(가방이 제한된 무게를 초과했을 때) 얼마를 더 내야 하나요?

¿Cuánto más debo pagar?

꾸안또 마스 데보 빠가르?

가방에서 물건을 좀 뺄게요.

Sacaré algo del equipaje.

싸까레 알고 델 에끼빠헤

이 가방은 기내용이에요.

Este equipaje es de mano.

에스떼 에끼빠헤 에스 데 마노

☑ 탑승권 boarding pass
tarjeta de embarque 따르헤따 데 엠바르께

☑ 탑승구 boarding gate
puerta de embarque 뿌에르따 데 엠바르께

탑승 시간이 몇 시인가요?

¿Cuál es la hora de embarque?

꾸알 에스 라 오라 데 엠바르께?

탑승구는 어디에 있나요?

¿Dónde está la puerta de embarque?

돈데 에스따 라 뿌에르따 데 엠바르께?

(탑승구 앞에서) 여기가 국제선 탑승구인가요?

¿Es ésta la puerta de embarque internacional?

에스 에스따 라 뿌에르따 데 엠바르께 인떼르나씨오날?

(잠시 짐을 맡기고 싶을 때) 수하물 임시보관소가 어디인가요?

¿Dónde está la consigna para equipaje?

돈데 에스따 라 꼰시그나 빠라 에끼빠헤?

세금 환급받기

유럽은 나라별로 세금 환급을 받는 것이 아니라, 유럽연합국을 최종적으로 떠날 때 한 번에 환급받을 수 있어요. 세금 환급 창구로 가서 쇼핑할 때 챙겨 두었던 영수증에 도장을 받아요. 이 과정에서 쇼핑한 물건이 없으면 도장을 찍어 주지 않는 경우도 있으니, 물건 챙기기! 환급금은 그 자리에서 현금으로 받을 수도 있지만, 신용카드로도 받을 수 있어요. 신용카드 환급은 시간이 조금 더 걸리지만 현금으로 받는 것보다 약간 더 환급된다고 해요. 카드로 받기 위해서는 도장이 찍힌 봉투를 창구 근처에 있는 우체통에 넣으면 끝! 생각보다 어렵지 않아요.

세금 환급을 받고 싶어요.

Vine para la devolución del IVA.

비네 빠랄라 데볼루씨온 델 이바

(양식을 내밀며) 환급 확인 도장을 받고 싶어요.

Necesito el sello aquí.

네쎄시또 엘 쎄요 아끼

(환급을 현금으로 받을 때) 환급해 주는 곳이 어디에 있나요?

¿Dónde es la oficina de devolución del IVA?

돈데 에스 라 오피씨나 데 데볼루씨온 델 이바?

(환급을 카드로 받을 때) 우체통이 어디에 있나요?

¿Dónde están los buzones?

돈데 에스딴 로스 부쏘네스?

(세금환급기를 가리키며) 이것 좀 도와주실래요?

¿Podría ayudarme con esta máquina?

뽀드리아 아유다르메 꼰 에스따 마끼나?

검색대 통과하기

인천국제공항에서 출국할 때와 같은 절차예요. 제한 용량을 초과한 액체류를 갖고 검색대를 통과할 수 없으니 마시던 생수통은 버려 주세요. 노트북이나 카메라는 가방에서 꺼내 별도 바구니에 담아야 해요. 겉옷도 따로 담아요.

☑ 검색대 X-ray scanner
escáneres de rayos x
에스까네레스 데 라요스 에끼쓰

☑ 노트북 laptop
ordenador portátil 오르데나도르 뽀르따띨

☑ 휴대폰 mobile phone
teléfono móvil 뗄레포노 모빌

직원

- 소지품을 바구니에 넣으세요. Put your belongings in the basket.
  ➲ Ponga sus pertenencias en la bandeja.
- 노트북과 카메라, 휴대폰은 따로 담아 주세요. Place laptops, cameras, and cell phones separately.
  ➲ Los portátiles, cámaras y móviles deben ir por separado.
- 신발을 벗어 주세요. Take off your shoes, please.
  ➲ Quítese los zapatos.
- 가방 검사를 할게요. Let me check your luggage.
  ➲ Permítame revisar su maleta.

(주머니를 확인하려고 하면) 주머니에 아무것도 없어요.

No llevo nada en los bolsillos.

노 예보 나다 엔 로스 볼시요스

(수술해서) 제 다리에 철심이 있어요.

Tengo clavos implantados en la pierna. 뗑고 끌라보스 임쁠란따도스 엔 라 삐에르나

(검색이 끝나면) 이제 가면 되나요?

¿Ya está? 야 에스따? / 쟈 에스따?

(내 물건을 챙길 때) 제 거예요.

Es mío. 에스 미오

탑승 기다리기

검색대 통과 후에는 탑승권에 표시된 탑승구로 향해요. 인천국제공항 같은 대형 공항은 탑승동까지 셔틀 트레인을 타고 이동해야 할 수도 있고, 100개가 넘는 탑승구가 있기도 해요. 못 찾겠다면 헤매지 말고 공항 직원들의 도움을 받으세요. 여유가 있다면 탑승구 근처 면세점에서 못 다한 쇼핑을 할 수 있어요.

(항공권을 보여주며) 이 탑승구가 맞나요?

¿Estoy en la puerta correcta?

에스또이 엔 라 뿌에르따 꼬렉따?

몇 시에 탑승을 시작하나요?

¿A qué hora comienza el embarque?

아께 오라 꼬미엔싸 엘 엠바르께?

직원

- 탑승 준비를 해 주세요. Please prepare for boarding.
  ➊ Prepárese para el embarque.
- 10분 후 비행기가 출발합니다. The flight will depart in ten minutes.
  ➊ El vuelo saldrá en diez minutos.

(연착되었을 때) 얼마나 더 기다려야 하나요?

¿Cuánto más tengo que esperar?

꾸안또 마스 뗑고 께 에스뻬라르?

(면세점에서 사려는 물건의 사진을 보여주며) 이 물건이 있나요?

¿Tenéis esto?

떼네이스 에스또?

가장 많이 팔리는 물건이 뭔가요?

¿Cuál es el producto que más se vende?

꾸알 에스 엘 쁘로둑또 께 마스 쎄 벤데?

이 쿠폰을 쓸 수 있나요?

¿Puedo usar este cupón?

뿌에도 우사르 에스떼 꾸뽄?

카드로 결제할게요.

Pagaré con tarjeta.

빠가레 꼰 따르헤따

항공사에 보상 요청하기

비행기는 악천후 때문에 취소되거나 연착되는 경우가 종종 생겨요. 항공사의 잘못으로 환승 비행기를 탈 수 없게 되는 상황, 초과예약이 되어(overbooking 오베르부낑) 탑승에서 밀려난 상황에는 항공사에 보상을 요구할 수 있어요.

- ☑ 지연 delayed retraso 레뜨라소
- ☑ 취소 canceled cancelado 깐셀라도
- ☑ 보상 compensation compensación 꼼뻰사씨온
- ☑ 바우처 voucher vale 발레

제 비행편이 지연됐어요.

Mi vuelo se retrasó.

미 부엘로 쎄 레뜨라쏘

제 비행편이 취소됐어요.

Mi vuelo se canceló.

미 부엘로 쎄 깐셀로

(오버부킹 때문에) 제가 밀려서 비행기를 못 탔어요.

Me dejaron en tierra.

메 데하론 엔 띠에라

(항공사 직원에게) 보상해 주세요.

Exijo una compensación.

엑시호 우나 꼼뻰사씨온

(예약한 숙소에 갈 수 없게 되었을 때) 호텔비를 보상해 주세요.

Exijo una compensación por el hotel que reservé.

엑시호 우나 꼼뻰사씨온 뽀르 엘 오뗄 께 레세르베

(손해 비용에 대해) 비용은 어떻게 환불받을 수 있나요?

¿Cómo puedo obtener un reembolso?

꼬모 뿌에도 옵떼네르 운 레엠볼소?

(항공사에서) 호텔 바우처를 주나요?

¿Dáis vales de alojamiento?

다이스 발레스 데 알로하미엔또?

(항공사에서) 다음 비행 바우처를 주나요?

¿Dáis vales para vuelos futuros?

다이스 발레스 빠라 부엘로스 푸뚜로스?

항공권을 환불받고 싶어요.

Quiero cancelar mi billete y obtener un reembolso.

끼에로 깐셀라르 미 비예떼, 이 옵떼네르 운 레엠볼소

다음 비행기 출발은 언제인가요?

¿Cuándo sale el próximo vuelo?

꾸안도 살레 엘 쁘록시모 부엘로?

제가 얼마나 기다려야 하나요?

¿Cuánto más debo esperar?

꾸안또 마스 데보 에스뻬라르?

항공권 예약하기

돌아가는 항공권을 미리 끊지 않았다면 현지의 공항에서 표를 예약할 수 있어요.

인천국제공항 행 비행기를 예약하고 싶어요.

Quisiera reservar un vuelo al Aeropuerto de Incheon.

끼시에라 레세르바르 운 부엘로 알 아에로뿌에르또 데 인천

직원

- 여권을 보여주세요. Your passport, please.
  ⭘ Pasaporte, por favor.
- 언제 출발하실 건가요? When are you leaving?
  ⭘ ¿Cuándo planea marcharse?
- 어떤 등급의 좌석을 드릴까요? What class do you prefer to fly in?
  ⭘ ¿En qué clase desea viajar?
- 성함과 전화번호 주세요. I need your name and phone number.
  ⭘ Necesito su nombre completo y número de teléfono.
- 여기 여권하고 이티켓이요. Here is my passport and e-ticket.
  ⭘ Aquí tiene mi pasaporte y billete electrónico.
- 출발일은 6월 5일입니다. The departure is on June fifth.
  ⭘ Su vuelo sale el cinco de junio.
- 예약이 확인되었습니다. Your reservation is confirmed.
  ⭘ Su reserva ha sido confirmada.

인천공항 편도 한 장이요.

Un billete de ida al Aeropuerto de Incheon.

운 비예떼 데 이다 알 아에로뿌에르또 데 인천

6월 5일 출발해요.

Mi vuelo sale el cinco de junio.

미 부엘로 살레 엘 씬꼬 데 후니오

- ☑ 이름 first name nombre 놈브레
- ☑ (이름의) 성 family name apellido 아뻬이도
- ☑ 편도표 one-way ticket
  billete de ida 비예떼 데 이다
- ☑ 일반석 economy
  clase turista 끌라세 뚜리스따
- ☑ 이등석 business
  clase business 끌라세 비스네스
- ☑ 일등석 first
  primera clase 쁘리메라 끌라세
- ☑ 창가 쪽 좌석 window ventanilla 벤따니야
- ☑ 통로 쪽 좌석 aisle pasillo 빠시요
- ☑ 앞쪽 좌석 front row
  asiento de primera fila 아씨엔또 데 쁘리메라 필라
- ☑ 비상구 쪽 좌석 emergency exit seat
  asiento de emergencia 아씨엔또 데 에메르헨씨아
- ☑ 마일리지 mileage millas 미야쓰

더 일찍 떠나는 비행기가 있나요?

¿Habrá otro vuelo que salga antes?

아브라 오뜨로 부엘로 께 살가 안떼쓰?

일반석으로 주세요.

Clase turista, por favor.

끌라세 뚜리스따, 뽀르파보르

통로 쪽 좌석으로 주세요.

Me gustaría sentarme del lado del pasillo.

메 구스따리아 센따르메 델 라도 델 빠시요

(일행이) 같이 앉을 수 있나요?

¿Podríamos sentarnos juntos?

뽀드리아모스 센따르노스 훈또스?

제 마일리지를 쓰고 싶어요.

Quiero usar mis millas.

끼에로 우사르 미스 미야스

제 예약을 확인하고 싶어요.

Quisiera confirmar mi reserva.

끼시에라 꼰피르마르 미 레세르바

제 이름은 오한나이고, 예약번호는 BCA123이에요.

Me llamo Hannah Oh, y el número de mi reserva es BCA123.

메 야모 하나(아나) 오, 이엘 누메로 데 미 레세르바 에스 베 쎄 아 우노 도스 뜨레스

비행편명은 IB123이에요.

Es el vuelo IB123.

에스 엘 부엘로 이 베 우노 도스 뜨레스

예약 날짜를 변경하고 싶어요.

Quisiera cambiar la fecha de mi reserva.

끼시에라 깜비아를라 페차 데 미 레세르바

응급 상황 emergency

emergencia

에메르헨씨아

한국대사관 Korean Embassy

Embajada de Corea

엠바하다 데 꼬레아

경찰서 police station

comisaría de policía

꼬미사리아 데 뽈리씨아

은행 bank

banco

방꼬

약국 pharmacy

farmacia

파르마씨아

병원 hospital

hospital

오스삐딸

분실물보관소 lost and found

objetos perdidos

오브헤또스 뻬르디도스

보험 insurance

seguro

세구로

돌발상황

위급 상황
분실/도난
약 사기
아픈 증상 말하기
현금을 인출할 때
인종차별을 당했다고 느낄 때

위급 상황

여행 중에 사건, 사고, 긴급한 위험 상황은 되도록 겪지 않으면 좋겠지만, 혹시 모를 위험에 대비할 필요는 있어요. 해외에는 우리나라의 영사 콜센터(+82-2-3210-0404)가 연중무휴 24시간 운영되고, 외국어 통역서비스(스페인어는 7번)도 제공하고 있어요.

- ☑ 위험 danger peligro 뻴리그로
- ☑ 구급차 ambulance ambulancia 암불란씨아
- ☑ 돕다 help ayudar 아유다르
- ☑ 경찰 police policía 뽈리씨아

위험해요!

¡Es peligroso!

에스 뻴리그로소!

비켜요!

¡Manténgase apartado!

만뗀가세 아빠르따도!

급해요!

¡Tengo prisa!

뗑고 쁘리사!

도와주세요!

¡Auxilio! 아우씰리오!

¡Ayúdenme! 아유덴메! / 아쥬덴메!

구급차 좀 불러 주세요.

¡Llame a una ambulancia!

야메 아 우나 암불란씨아! / 쟈메 아 우나 암불란씨아!

(누군가 해코지하려 들 때) 경찰을 부르겠어요.

Llamaré a la policía.

야마레 알라 뽈리씨아 / 쟈마레 알라 뽈리씨아

누가 경찰 좀 불러 주세요!

¡Que alguien llame a la policía!

께 알기엔 야메 알라 뽈리씨아!

경찰서가 어디에 있나요?

¿Dónde está la comisaría de policía?

돈데 에스딸라 꼬미사리아 데 뽈리씨아?

빨리 와 주세요.

Vengan rápido.

벤간 라삐도

누군가 저를 따라오고 있어요.

Alguien me persigue.

알기엔 메 뻬르시게

밖에 수상한 사람이 있어요.

Hay un extraño fuera.

아이 운 엑스뜨라뇨 푸에라

- ☑ 사고 accident accidente 악씨덴떼
- ☑ 견적 estimate presupuesto 쁘레쑤뿌에스또
- ☑ 보험 insurance seguro 세구로

교통사고가 났어요.

Hubo un accidente de tráfico.

우보 운 악씨덴떼 데 뜨라피꼬

가벼운 접촉사고예요.

Fue un golpe por alcance.

푸에 운 골뻬 뽀르 알깐쎄

제가 차에 치였어요.

Me atropellaron.

메 아뜨로뻬야론

제 잘못이 아니에요.

No fue mi culpa.

노 푸에 미 꿀빠

경찰

· 차 번호를 기억하세요?

Do you remember the license plate number?

¿Se acuerda del número de matrícula?

현장 사진을 찍었어요.

Tomé fotos de los hechos.

또메 포또스 델로스 에초스

(차를 렌트했을 때) 렌트 업체에 전화할게요.

Permítame llamar a la compañía de alquiler de coches.

뻬르미따메 야마르 알라 꼼빠니아 데 알낄레르 데 꼬체스

(정비소에서) 견적을 내주시겠어요?

¿Me estima el coste?

메 에스띠마 엘 꼬스떼?

(렌트한 차에) 보험을 들었어요.

Tengo seguro.

뗑고 세구로

(렌트할 때 든) 보험이 적용되나요?

¿El seguro cubre esto?

엘 세구로 꾸브레 에스또?

분실/도난

물건을 분실했거나 도난을 당했다면, 포기하지 말고 신고를 해서 도움을 요청해 보세요.

- ☑ 분실하다 lose perder 뻬르데르
- ☑ 여권 passport pasaporte 빠사뽀르떼
- ☑ 가방, 지갑 cartera 까르떼라
- ☑ 휴대폰 cell phone móvil 모빌
- ☑ 분실물보관소 lost and found objetos perdidos 오브헤또스 뻬르디도스

여권을 잃어버렸어요.

He perdido mi pasaporte.

에 뻬르디도 미 빠싸뽀르떼

카드를 잃어버렸어요.

He perdido mi tarjeta.

에 뻬르디도 미 따르헤따

가방을 지하철에 두고 내렸어요.

Dejé mi cartera en el metro.

데헤 미 까르떼라 엔 엘 메뜨로

분실물보관소가 어디에 있나요?

¿Dónde está el departamento de objetos perdidos?

돈데 에스따 엘 데빠르따멘또 데 오브헤또스 뻬르디도스?

- ☑ 도둑thief ladrón 라드론
- ☑ 절도theft robo 로보
- ☑ 강도robbery atraco 아뜨라꼬
- ☑ 도난 당한stolen robado 로바도
- ☑ 강도를 당한mugged asaltado 아살따도
- ☑ CCTVsecurity camera
  cámara de seguridad 까마라 데 세구리닷
- ☑ 연락처phone number
  número de teléfono 누메로 데 뗄레포노

가방을 도난 당했어요.

Me robaron la cartera.

메 로바론 라 까르떼라

가방이 찢겨져 있었어요.

Mi cartera estaba rota.

미 까르떼라 에스따바 로따

어디에 신고해야 하나요?

¿Dónde debo hacer la denuncia?

돈데 데보 아쎄르 라 데눈씨아?

도난 신고를 하고 싶어요.

Quiero reportar un robo.

끼에로 레뽀르따르 운 로보

(안에) 현금과 카드가 있었어요.

Tenía efectivo y unas tarjetas.

떼니아 에펙띠보 이 우나스 따르헤따스

한국대사관에 연락하고 싶어요.

Quiero llamar a la Embajada de Corea.

끼에로 야마르 알라 엠바하다 데 꼬레아

(연락처를 남길 때) 여기 제 연락처예요.

Éste es mi número de teléfono.

에스떼 에스 미 누메로 데 뗄레포노

약 사기

약은 한국에서 챙기는 것이 좋아요. 현지에서 약국을 찾지 못할 수도 있고, 자칫 잘못된 약을 먹을 수도 있잖아요. 발음이 어려울 수 있으니까, 책에 실린 단어를 짚어 가면서 소통하세요.

약국이 어디에 있나요?

¿Dónde hay una farmacia?

돈데 아이 우나 파르마씨아?

진통제 있나요?

¿Tiene aspirina? 띠에네 아스삐리나?

약의 종류

aspirina 아스삐리나 진통제 aspirin	pastillas para el dolor de cabeza 파스띠야스 빠라 엘 돌로르 데 까베싸 두통약 headache pills
medicina para la gripe 메디씨나 빠라 라 그리뻬 감기약 flu meds	medicina para la fiebre 메디씨나 빠라 라 피에브레 해열제 fever meds

medicina para el mareo
메디씨나 빠라 엘 마레오
멀미약 motion sickness pills

medicina para el dolor de estómago
메디씨나 빠라 엘 돌로르 데 에스또마고
위장약 stomach meds

medicina para la digestión
메디씨나 빠라 라 디헤스띠온
소화제 digestive meds

laxantes
락싼떼스
변비약 laxatives

píldoras para la diarrea
삘도라스 빠라 라 디아레아
설사약 diarrhea pills

tirita
띠리따
일회용 반창고 Band-Aid

crema antibacterial
끄레마 안띠박떼리알
항균크림 anti-bacterial

repelente de insectos
레뻴렌떼 데 인섹또스
벌레 퇴치약 bug spray

medicina para la alergia
메디씨나 빠라 라 알레르히아
알레르기 약 allergy meds

kit de primeros auxilios
낏 데 쁘리메로스 아우실리오스
구급약 상자 first aid kit

반창고가 필요해요.

Necesito una tirita.

네쎄시또 우나 띠리따

(효과가 빠른) 연질 캡슐로 주세요.

En cápsulas de gel líquido, por favor.

엔 깝술라스 데 헬 리끼도, 뽀르파보르

(처방전이 있을 경우) 여기 처방전 있어요.

Aquí tiene la prescripción.

아끼 띠에네 라 쁘레스끄립씨온

아픈 증상 말하기

병원이나 약국에서 아픈 증상을 전달하는 상황에 대비하세요.

몸이 좋지 않아요.

No me siento bien.

노 메 시엔또 비엔

아픈 증상

gripe 그리뻬 감기 cold	**fiebre** 피에브레 열 fever
escalofríos 에스깔로프리오스 오한 chill	**indigestión** 인디헤스띠온 소화불량 indigestion
mareos 마레오스 어지러운 dizzy	**dolor de cabeza** 돌로르 데 까베싸 두통 headache
torcido 또르씨도 삔 sprained	**sangrar** 상그라르 피를 흘리다 bleed
quemadura 께마두라 데인 scalded	**picadura** 삐까두라 물린 bitten

몸이 아파요.

(남) **Estoy enfermo.**

에스또이 엔페르모

(여) **Estoy enferma.**

에스또이 엔페르마

감기에 걸렸어요.

(남) **Estoy griposo.**

에스또이 그리뽀소

(여) **Estoy griposa.**

에스또이 그리뽀사

병원 진료를 받고 싶어요.

Quiero ver a un doctor.

끼에로 베르 아 운 독또르

저 좀 병원에 데려다 주세요.

Lléveme al hospital, por favor.

예베메 알 오스삐달, 뽀르파보르

여행자 보험에 들었어요.

Tengo seguro de viaje.

뗑고 세구로 데 비아헤

열이 나요.

Tengo fiebre.

뗑고 피에브레

급체한 것 같아요.

Tengo un ataque de indigestión.

뗑고 운 아따께 데 인디헤스띠온

어지러워요.

(남) **Estoy mareado.**

에스또이 마레아도

(여) **Estoy mareada.**

에스또이 마레아다

발목을 삐었어요.

Me torcí el tobillo.

메 또르씨 엘 또비요

피가 나요.

Estoy sangrando.

에스또이 상그란도

뜨거운 물에 데었어요.

Me quemé con agua caliente.

메 께메 꼰 아구아 깔리엔떼

벌레에 물렸어요.

Me picó un insecto.

메 삐꼬 운 인섹또

팔이 부러진 것 같아요.

Creo que tengo roto el brazo.

끄레오 께 뗑고 로또 엘 브라쏘

현금을 인출할 때

여행 중에 예산이 초과되어 높은 수수료를 감당하고라도 현금을 인출해야 하는 경우가 있어요. 은행에 들어가서 창구 직원을 통해 인출하는 방법도 있지만, ATM(cajero automático 까헤로 아우또마띠꼬)을 이용할 수도 있어요. 각국 은행의 ATM을 사용하는 방법은 다를 수 있으니, 미리 사용법을 찾아보도록 해요.

현금인출기가 어디에 있나요?

¿Dónde hay un cajero automático?

돈데 아이 운 까헤로 아우또마띠꼬?

(현금인출기를 가리키며) 사용하는 것 좀 도와주실래요?

¿Podría ayudarme con esta máquina?

뽀드리아 아유다르메 꼰 에스따 마끼나?

(은행 직원에게) 돈을 인출하고 싶어요.

Quiero retirar dinero.

끼에로 레띠라르 디네로

은행원

- 현금으로 드릴까요, 수표로 드릴까요? Cash or check?
  - ¿En efectivo o cheque?
- 큰 금액으로 드릴까요, 소액으로 드릴까요? Large or small bills?
  - ¿Billetes grandes o pequeños?
- 돈을 어떻게 드릴까요? How do you want your money?
  - ¿En qué unidades le doy el efectivo?

(100유로를 내고) 50유로짜리 1장, 10유로짜리 5장으로 주세요.

Un billete de cincuenta, y cinco de diez euros, por favor.

운 비예떼 데 씬꾸엔따, 이 씬꼬 데 디에스 에우로스, 뽀르파보르

인종차별을 당했다고 느낄 때

보통 어린아이나 청소년, 제대로 된 교육을 받지 못한 사람들이 인종차별을 해요. 동양인을 비하하는 말로 Chinky, ching chong, Jap, Gook 등을 내뱉는 사람도 있고, 눈 양쪽을 찢어 보이는 사람도 있어요. 상대의 잘못을 지적하면서 사과를 요구할 수 있지만, 위험한 상황에서는 무시하는 게 상책이에요.

인종차별이네요.

Eso es racismo.

에소 에스 라씨스모

저한테 사과하세요.

¡Discúlpese!

디스꿀뻬세!

당신 인종차별주의자세요?

¿Es usted racista?

에스 우스뗏 라씨스따?

당신 진심이세요?

¿En serio?

엔 세리오?

무식한 사람이네!

¡Qué ignorante!

께 잉노란떼!

여행스페인어

초판 1쇄 발행 2019년 12월 20일

지은이 이유림 · 글로벌21 어학연구소
기획 및 편집 오혜순
디자인 및 조판 박윤정 · 이미경
일러스트레이션 이상희
영업마케팅 정병건

펴낸곳 ㈜글로벌21
출판등록 2019년 1월 3일
주소 서울시 구로구 시흥대로 577-11
전화 02)6365-5169 팩스 02)6365-5179 www.global21.co.kr

ISBN 979-11-965975-7-3 10770

・이 도서의 국립중앙도서관 출판예정도서목록(CIP)은 서지정보유통지원시스템 홈페이지(http://seoji.nl.go.kr)와 국가자료종합목록 구축시스템(http://kolis-net.nl.go.kr)에서 이용하실 수 있습니다. (CIP제어번호 : CIP2019047558)

대한민국
Corea 꼬레아

여권
pasaporte
빠사뽀르떼

수하물
equipaje
에끼빠헤

출구 salida 살리다

공항 체크인 facturación 팍뚜라씨온

전철 metro 메뜨로

열차 tren 뜨렌

버스 autobús 아우또부스

화장지 papel higiénico
빠뻴 이히에니꼬

티슈 pañuelo de papel
빠뉴엘로 데 빠뻴

열쇠 llave 야베

볼펜 bolígrafo
볼리그라포

와이파이
Wi-Fi
위피

어댑터 adaptador
아답따도르

샴푸 champú 참뿌
린스 crema suavizante
끄레마 수아비싼떼

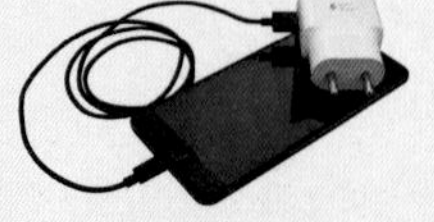

충전기 cargador
까르가도르

수건 toalla 또아야

우산 paraguas
빠라과스

냉장고 refrigerador
레프리헤라도르

접시, 요리
plato 쁠라또

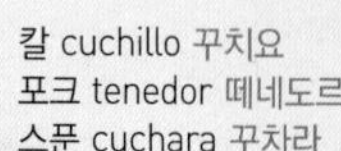

칼 cuchillo 꾸치요
포크 tenedor 떼네도르
스푼 cuchara 꾸차라

치즈 queso
께소

커피 café 까페

빵 pan 빤